景宁畲族婚俗

景宁畲族婚俗

总主编 褚子育

浙江省非物质文化遗产代表作丛书

浙江摄影出版社

项莉芳 编著

浙江省非物质文化遗产
代表作丛书编委会
（第四批国遗项目）

总 序

中共浙江省委书记
浙江省人大常委会主任 车俊

　　非物质文化遗产是一个民族的精神印记,是一个地方的文化瑰宝。浙江作为中华文明的重要发祥地,在悠久的历史长河中孕育了璀璨夺目、蔚为壮观的非物质文化遗产。隆重恢弘的轩辕祭典、大禹祭典、南孔祭典等,见证了浙江民俗的源远流长;引人入胜的白蛇传传说、梁祝传说、西施传说、济公传说等,展示了浙江民间文学的价值底蕴;婉转动听的越剧、绍剧、瓯剧、高腔、乱弹等,彰显了浙江传统戏剧的独特魅力;闻名遐迩的龙泉青瓷、绍兴黄酒、金华火腿、湖笔等,折射了浙江传统技艺的高超精湛……这些非物质文化遗产,鲜活而生动地记录了浙江人民的文化创造和精神追求。

　　习近平总书记在浙江工作期间,高度重视文化建设。他在"八八战略"重大决策部署中,明确提出要"进一步发挥浙江的人文优势,积极推进科教兴省、人才强省,加快建设文化大省",亲自部署推动一系列传统文化保护利用的重点工作和重大工程,并先后6次对非物质文化遗产保护作出重要批示,为浙江文化的传承和复兴注入了时代活力、奠定了坚实基础。历届浙江省委坚定不移沿着习近平总书记指引的路子走下去,坚持一张蓝图绘到底,一年接着一年干,推动全省文化建设实现了从量的积累向质的飞跃，在打造全国非物质文化遗产保护高地上迈出了坚实的步伐。已经公布的四批国家级非物质文化遗产名录中，浙江以总数217项蝉联"四连冠"，这是文化浙江建设结出的又一硕果。

历史在赓续中前进，文化在传承中发展。党的十八大以来，习近平总书记站在建设社会主义文化强国的战略高度，对弘扬中华优秀传统文化作出一系列深刻阐述和重大部署，特别是在十九大报告中明确要求，加强文物保护利用和文化遗产保护传承。这些都为新时代非物质文化遗产保护工作指明了前进方向。我们要以更加强烈的文化自觉，进一步深入挖掘浙江非物质文化遗产所蕴含的思想观念、人文精神、道德规范，结合时代要求加以创造性转化、实现创新性发展，努力使优秀传统文化活起来、传下去，不断满足浙江人民的精神文化需求、丰富浙江人民的精神家园。我们要以更加坚定的文化自信，进一步加强对外文化交流互鉴，积极推动浙江的非物质文化遗产走出国门、走向世界，讲好浙江非遗故事，发出中华文明强音，让世界借由非物质文化遗产这个窗口更全面地认识浙江、更真实地读懂中国。

现在摆在大家面前的这套丛书，深入挖掘浙江非物质文化遗产代表作的丰富内涵和传承脉络，是浙江文化研究工程的优秀成果，是浙江重要的"地域文化档案"。从2007年开始启动编撰，到本次第四批30个项目成书，这项历时12年的浩大文化研究工程终于画上了一个圆满句号。我相信，这套丛书将有助于广大读者了解浙江的灿烂文化，也可以为推进文化浙江建设和非物质文化遗产保护提供有益的启发。

前　言

浙江省文化和旅游厅党组书记、厅长　褚子育

　　"东南形胜，三吴都会，钱塘自古繁华。"秀美的河山、悠久的历史、丰厚的人文资源，共同孕育了浙江多彩而又别具特色的文化，在浙江大地上散落了无数的文化瑰宝和遗珠。非物质文化遗产保护工程，在搜集、整理、传播和滋养优秀传统文化中发挥了巨大的作用，浙江也无愧于走在前列的要求。截至目前，浙江共有8个项目列入联合国教科文组织人类非遗代表作名录、2个项目列入急需保护的非遗名录；2006年以来，国务院先后公布了四批国家级非物质文化遗产名录，浙江217个项目上榜，蝉联"四连冠"；此外，浙江还拥有886个省级非遗项目、5905个市级非遗项目、14644个县级非遗项目。这些非物质文化遗产，是浙江历史的生动见证，是浙江文化的重要体现，也是中华优秀传统文化的结晶，华夏文明的瑰宝。

　　如果将每一个"国家级非遗项目"比作一座宝藏，那么您面前的这本"普及读本"，就是探寻和解码宝藏的一把钥匙。这217册读本，分别从自然环境、历史人文、传承谱系、代表人物、典型作品、保护发展等入手，图文并茂，深入浅出，多角度、多层面地揭示浙江优秀传统文化的丰富内涵，展现浙江人民的精神追求，彰显出浙江深厚的文化软实力，堪

称我省非遗保护事业不断向纵深推进的重要标识。

这套丛书，历时12年，凝聚了全省各地文化干部、非遗工作者和乡土专家的心血和汗水：他们奔走于乡间田野，专注于青灯黄卷，记录、整理了大量流失在民间的一手资料。丛书的出版，也得到了各级党政领导，各地文化部门、出版部门等的大力支持！作为该书的总主编，我心怀敬意和感激，在此谨向为这套丛书的编纂出版付出辛勤劳动，给予热情支持的所有同志，表达由衷的谢意！

习近平总书记指出："每一种文明都延续着一个国家和民族的精神血脉，既需要薪火相传、代代守护，更需要与时俱进、勇于创新。"省委书记车俊为丛书撰写了总序，明确要求我们讲好浙江非遗故事，发出中华文明强音，让世界借由非物质文化遗产这个窗口更全面地认识浙江、更真实地读懂中国。

新形势、新任务、新要求，全省文化和旅游工作者能够肩负起这一光荣的使命和担当，进一步推动非遗创造性转化和创新性发展，讲好浙江故事，让历史文化、民俗文化"活起来"；充分利用我省地理风貌多样、文化丰富多彩的优势，保护传承好千百年来文明演化积淀下来的优秀传统文化，进一步激活数量巨大、类型多样、斑斓多姿的文化资源存量,唤醒非物质文化遗产所蕴含的无穷魅力,努力展现"浙江文化"风采,塑造"文化浙江"形象,让浙江的文脉延续兴旺,为奋力推进浙江"两个高水平"建设提供精神动力、智力支持,为践行"'八八战略'再深化,改革开放再出发"注入新的文化活力。

目录

总序
前言

序言
一、概述
[壹] 景宁畲族的迁徙 / 006
[贰] 景宁畲族概况 / 008
二、景宁畲族婚俗的基本内容
[壹] 景宁畲族婚俗的演变 / 016
[贰] 景宁畲族婚俗礼仪 / 028
[叁] 景宁畲族其他婚俗 / 104
三、景宁畲族婚俗的内涵与文化价值
[壹] 景宁畲族婚俗的内涵 / 110
[贰] 景宁畲族婚俗的文化价值 / 124
四、畲族婚俗的传承与保护
[壹] 传承状况 / 128
[贰] 保护措施 / 148

附录
[壹] 香袋彩带定情物 / 152
[贰] 踏路牛 / 154
[叁] 娶亲和农具嫁妆 / 156
[肆] "撬蛙"的传说 / 157

主要参考文献
后记

　　景宁畲族自治县是全国唯一的畲族自治县，华东地区唯一的少数民族自治县。景宁畲族于唐永泰二年（766）从福建迁居而来，至今已有一千二百多年历史。在千年的文明发展历程中，畲族人民与其他各族人民相依共济、相扶守望，自强不息，为中华民族发展壮大提供了强大的精神力量，为人类文明进步作出了不可磨灭的贡献。

　　畲族的婚俗文化是中华传统文化中的绮丽花朵，处处流溢出一个民族丰满的个性和迷人的风采。畲族婚俗是畲民族人文历史的缩影，具有鲜明的民族特征和浓郁的乡土气息。景宁畲族的婚俗文化，对内是畲族人民的精神寄托，对外展现了畲乡景宁的地方文化底蕴和人文魅力。畲族婚俗的拦路、借镬、敬酒、对歌等体现了畲族传统文化的方方面面，与畲族经济发展和生活水平密切联系。随着改革开放的不断向前推进，景宁畲族下山脱贫进程也在加快，原来居住于大山之中的畲民，从居住环境到生活方式、生活水平都有了巨大的变化，畲族婚俗的礼仪日趋汉化，传统畲族婚俗逐渐淡出日常生活，熟悉并能完整传承畲族婚俗的传承人也不断谢世，畲族传统婚俗日益式微。因此，对于畲族婚俗的保护与传承尤为重要。

　　本书按照历史的变迁，客观、严谨、详实地记述了畲族婚配制度的发展变迁，真实再现畲族婚配方式及婚配礼仪，以文字固化和保留景宁畲族婚俗仪礼的完整过程，深入挖掘畲族婚俗仪礼的文化内涵和精神价值，为新形势下畲族婚俗的发展奠定了良好的基础。衷心希望《景宁畲族婚俗》一书的出版能让更多的人了解和喜欢上畲族婚俗，有效推动畲族婚俗文化的创新发展，让畲族文化以及畲族婚俗文化在中华民族的伟大复兴中绽放异彩。

中共景宁畲族自治县县委副书记、县长　钟海燕

一、概述

景宁畲族自治县是全国唯一的畲族自治县，华东地区唯一的少数民族自治县，也是畲族最早徙居的浙江县份，是浙江畲族的主要发源地之一。

一、概述

[壹] 景宁畲族的迁徙

畲族是一个具有悠久历史的少数民族，也是一个不断迁徙的民族。一千多年来，畲民不畏艰辛险阻，从广东省潮州市凤凰山迁徙到福建、浙江、江西、安徽等省份。

畲族有自己的语言，但没有文字。

从福建迁到浙江的畲族基本上是一家一户或几家几户逐年迁移，没有固定的路线。据张春乡惠明寺村和敕木山村保存的南泉山惠明堂本寺僧人端鹤师抄存实奉《唐朝元皇南泉山迁居建造惠明寺报税开垦》一文所述："唐朝元皇三年庚子岁，僧晶森住江西广信府铅山县。唐永泰二年丙午岁（766），来福建罗源县十八都苏坑境高南坑坝居住，遇雷太祖进裕公。进裕公率一家五人与僧晶森、子清华二人，从福建罗源县来浙江处州府青田县鹤溪村大赤寺[1]。雷太祖后居叶山头[2]，砍伐山林，开垦田园。"南宋淳祐年间（1241—1252），蓝敬泉支族由福建罗源黄庄下迁处州丽水小

---

[1]　今景宁畲族自治县澄照乡大赤坪村。

[2]　今景宁畲族自治县鹤溪街道包凤行政村。

畲族迁徙图

窟[1]，后迁金丘驮磨庵[2]居住。景宁畲族钟氏始祖钟日章支族，于明洪武八年（1375）由福建罗源徙居金岱洋岭脚[3]。事实表明，早在唐永泰年间（765—766），就有畲民迁居景宁。

迁入景宁后，大多数畲民居住在交通闭塞的山区，保持本民族固有的生活方式和生产方式，畲族婚俗就是畲族的民族文化之一，自唐代迁入浙江后一直传承。沈作乾写于1925年的《括苍畲民调查记》一文对于畲族的婚俗仪式及对歌等有非常详细的记录。至今，畲民们依然把这一习俗较为完好地保留了下来，实为难能可贵，更显珍贵无比。

千百年来，畲族人民的衣食住行都已经形成了自己独特的风俗习惯。随着社会经济的发展，各种风俗习惯以及畲族人民的物质和精神生活都发生了巨大的变化。

[贰] 景宁畲族概况

景宁畲族自治县隶属浙江省丽水市，为革命老区县，位于浙江省西南部，东邻青田县、温州市文成县，南衔温州市泰顺县和福建省寿宁县，西接庆元县、龙泉市，北接云和县，东北与莲都区相连，全境坐落于洞宫山脉中段。1984年，经国务院批准，析

---

[1] 今丽水市云和县山脚村。

[2] 今景宁畲族自治县澄照乡。

[3] 今景宁畲族自治县外舍乡王金洋村。

云和县原景宁属地建立景宁畲族自治县。

景宁畲族自治县县域面积 1950 平方千米，现辖 2 个街道、4 个镇、15 个乡。根据 2011 年的统计数据，景宁总人口约为 17 万，

耕山为业

以汉族为主，其中畲族人口 1.91 万，占 11%，域内有畲、藏、苗、彝、侗、黎等少数民族。

景宁县在西周与春秋时期属越地，三国属临海郡。隋开皇九年（589）废永嘉、临海二郡，置处州，设立括苍县（含景宁地域）。明景泰三年（1452），巡抚孙原员以"山谷险远，矿徒啸聚"为由始置景宁县，属处州府。清沿其制。辛亥革命后，属处州军政分府。1914 年，属瓯海道。1927 年，直属浙江省政府。1935 年 9 月，属浙江省第九行政督察区。1948 年 4 月，属浙江省第六行政督察区；7 月，属浙江省第七行政督察区。1949 年 5 月 12 日，景宁城解放；5 月 21 日，建立景宁县人民政府，属丽水专区。1952 年，丽水专区撤销，改属温州专区。1960 年，并入丽水县。1962 年，划丽水县原云和县、景宁县辖地置云和县，属温州专区。1963 年 5 月，丽水专区复设，辖云和县（含景宁）。1984 年，经国务院批准，建立景宁畲族自治县。1985 年 4 月 22 日，时值畲族传统的三月三节，县人民政府在驻地鹤溪镇举行盛会，庆祝中国第一个畲族自治县诞生。

设县以来，景宁畲族自治县人民政府出台《浙江省景宁畲族自治县自治条例》《景宁畲族自治县民族民间文化保护条例》《扶持少数民族经济社会发展的实施意见》等条例、文件，切实加大对民族群众和民族聚居区发展的倾斜力度，强化少数民族群众教育、医疗、就业、住房以及人才培养、干部选拔等方面的政策保障，先后有单位和个人荣获全国、全省民族团结进步模范称号，并被中华人民共和国国家民族事务委员会授为海峡两岸少数民族交流与合作基地。

长期以来，景宁的畲族歌舞、服饰、语言、医药、习俗等民族传统特色文化得到了较好的传承和发展。截至 2018 年 10 月，景宁畲族自治县拥有国家级非遗项目 3 项，省级 21 项，市级 39 项，县级 108 项。成功建成省级文化生态保护区 1 个，省级非遗旅游景区 3 个，省级生产性保护基地 2 个，省级非遗教学传承基地 2 个，省级春节特色地区 2 个，省级传统节日 1 个，市级生产性保护基地 2 个，市级非遗展示体验点 4 个，市级非遗传承基地 5 个，市级非遗主题小镇 1 个，市级非遗民俗文化村 2 个，被命名为"中国民间文化艺术之乡"。国家级非遗项目、一年一度的畲族三月三活动成为畲乡重要的民族文化窗口，被国际节庆协会评为"最具特色民族节庆"。作为第四届全国少数民族文艺会演参演剧目，大型畲族风情舞蹈剧《千年山哈》获得表演金奖，并成功推向市场，成为引领畲族文化产业发展的史诗舞台剧。

景宁有林地 242 万亩，森林覆盖率 77.9%，是国家级生态示范区、省级生态县、浙江省森林城市，生态环境质量评价连续多年位列全国第五。景宁拥有"云中大漈""中国畲乡之窗——大均"、

畲乡夜景（叶庆荣摄）

炉西峡、"华东最大高山湿地"望东垟高山湿地、九龙山地质公园等一批优质旅游资源，是浙南生态休闲养生旅游黄金目的地，先后获中国国际特色旅游文化目的地、中国最佳民族风情旅游名县、中华最佳文化生态旅游胜地等称号。

二、景宁畲族婚俗的基本内容

各地的畲族婚礼仪式基本相差无几，有拦路（门）举礼、喝宝塔茶、脱草鞋、借镬、杀鸡、撬蛙、对歌、对盏、留箸、留风水、行嫁、拜堂、传代、回门等环节。

在畲族人民几千年沿承下来的婚礼习俗上可以清晰地看到，婚俗的每一个环节都蕴含着先人的智慧以及和睦共处的美好祈愿。

二、景宁畲族婚俗的基本内容

[壹] 景宁畲族婚俗的演变

出版于 1984 年的《浙江景宁敕木山畲民调查记》记载，当时的畲族人民在子女童年时代（7—12 岁）就给他们定亲了，多半是通过媒人牵线搭桥。男青年的父母特别注意的是，未来的儿媳妇一定要身体结实、健康，可保证将来是个上好的劳动力，不能正常砍柴的小姑娘很难找到丈夫。此外，双方的八字必须合得来，这是由算命先生来确定的。订婚时，由男方家的父母给女方家四到六元钱，一只银戒指、一块手帕、两条白䙓、一小包索面和一小

《浙江景宁敕木山畲民调查记》

包糕饼。订婚双方的年龄到了 17—20 岁时，就举办婚礼。结婚时，新娘才第一次戴上头饰，穿上新衣服、新鞋，但不准穿袜子，如遇下雨天则穿草鞋、戴斗笠。新郎也要穿上新衣服，譬如一件长衫，穿上新鞋子，并戴上便帽，贫困的人戴的是布帽，富有的人戴的是缎帽。

喜日（毛丽玲提供）

伴娘（雷森根摄）

举办婚礼的日期是由算命先生选定的。婚礼先在新娘家举行，然后在新郎家举行。新郎带着一个厨师去丈人家，随身带去筵席用的食品佐料等物，每一桌酒席坐八位客人。新郎带去的食物包括两斤猪肉、四盘蔬菜、一板豆腐、两只鸡、两条白鲞、四包糕饼、八到十壶酒。随后厨师就得唱出他做菜需要的佐料，如果他唱时忘了什么，比方说盐，人家就不递给他盐。来吃饭的客人要

婚宴一角（雷森根摄）

送给新婚妇人三四尺布作为贺礼。

饭后，新郎和新娘唱山歌，开始进入畲族婚礼充满情趣的环节，全程都显得非常喜庆又风趣诙谐。

新娘在晚上到新郎家去，由她的一个妹妹或小姑陪伴着，这个做伴的人可以从新郎家拿到一百二十个铜钱，一路上并没有乐队。

新娘入门（叶庆荣摄）

在新郎家里，新郎的父母要办酒席，大唱山歌，庆祝活动一直持续到后半夜。结婚时，新娘新郎不拜天地祖宗，只拜香火和灶神就行了。

据畲族老人们介绍，畲民贫苦，家里很少有客床。新房内挂着两只灯笼，里面插着两支点着的蜡烛。床是新的，但一般都没有蚊帐。

婚后，新娘就要做饭、下地和砍柴。

各地的畲族婚礼仪式基本相差无几，有拦路（门）、举礼、喝宝塔茶、脱草鞋、借镬、杀鸡、撬蛙、对歌、对盏、留箸、留风水、行嫁、拜堂、传代、回门等环节。

据说，畲族定亲的年龄并没有明确的规定，有些小伙子

迎亲队伍（叶庆荣摄）

十二三岁就已经定亲了；同时，男女之间的年龄差也没有什么讲究，女方比男方年龄大的也很多，所以就有 18 岁的新娘嫁给 13 岁的新郎，15 岁的大孩子当爹一说。

姑娘小伙到了婚龄，男方父母找人择个吉日，一般把日子写在红纸上，由媒人送达姑娘家，姑娘父母再找信得过的"先生"复核审查，认为日子可行，就定下来，再由媒人正式送给男方，这时女方要宴请媒人，叫"请媒人"。

喜日前一个月，女婿须亲自挑一担子女方办酒席时所需的糯米过去，女方回一个"拦腰"（围裙）。吉日前一天，女方家请来六亲九眷、左邻右舍吃喜酒，非常热闹。酒宴一般摆两餐，中餐为女方宴请，叫"落脚酒"，晚餐是男方宴请，叫"请大酒"。迎亲时，男方请来"亲家伯"或者叫"秋风客"（男方父母的代理）一人、赤郎（歌手）一人、赤娘（伴娘）二人、行郎（抬嫁妆、送礼物的帮手）若干人，由媒人带领这支迎亲队伍，挑着礼品去

迎亲歇脚（叶庆荣摄）

女方家，队伍人数要凑双，特别是进女方家大门时，不成双可拉一个其他宾客凑上，回到男家也要凑成双。

上述许多婚俗多见于 20 世纪 50 年代之前。随着时代变迁，畬民婚俗礼仪也产生了变革，中华人民共和国成立以来，变化更大。抗日战争开始后，婚仪时的赤郎形式在大部分地区自然消失，对歌两夜改一夜，赤郎借镬礼也失传。现时，新娘已改坐轿为走路，或坐拖拉机、三轮车，新娘轿配套的礼仪也随之消失，也有改夜间走路为日间，不对歌，以节省开支。

新娘的嫁妆从前有犁、耙、锄头、斗笠、棕衣，现今则以木

办嫁妆（郑迪摄）

制家具为主，也有家用电器。以稻、麦、豆、花生等种子伴嫁，寓意落脚生根、开花结果的习俗，至今依旧非常盛行。

嫁妆一般从生产、生活的实用角度和家庭经济条件出发来安排，譬如桌子一张、衣橱一个、木箱两个，另加"粗杠"一担，包括木制人脚桶、小脚桶、洗脚桶、洗脸桶、马桶等；衫衣若干，俗称"行头"，包括绣花服装、劳作时的粗衫等一至两身（套），女婿外衣、内衣、鞋袜等一至两身；蚊帐、被子各一条，另加斗笠、火笼各一个。上述物件统称"三杠头"，"粗杠"不能少，但不计在内。新娘首饰为银耳环一副，银手镯一副，银戒指四只，银簪一根。

准备嫁妆（郑迪摄）

滚式草耙

斗笠

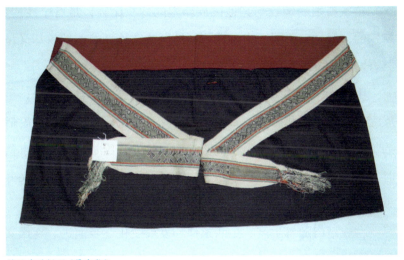

嫁妆中的拦腰（景宁式）

绣花鞋

　　畲族新娘的嫁妆与其他民族新娘的嫁妆比较，是有个性的、特别的，但是，不同历史时期不同地区的畲族新娘的嫁妆却又是具有发展性的，没有限制。

　　中华人民共和国成立后，畲汉杂居，两族关系日益融洽，畲族受汉文化渗透和影响与日俱增，尤其是畲汉通婚引起畲族婚俗的加速变化。现在，畲族小伙娶汉族姑娘或畲族姑娘嫁汉族小伙时，双方为了协调办好婚事，畲族有时也按照汉族婚俗礼仪来办婚礼。

　　畲族婚俗随着生产、生活条件的发展变化逐步演进。现代文化教育的普及和观念的更新不断影响着畲族人民的生活，从而加速畲族婚俗的瓦解与散失。同时，由于农村文化生活不断丰富，畲族最具特色的"盘歌堂"也逐渐成为一种过时的娱乐活动。如今的盘歌活动越来越少，畲族婚俗也正逐渐淡出人们的视野。

[贰] 景宁畲族婚俗礼仪

　　在建立婚姻关系的过程中，虽然受汉族的影响而由父母包办，但畲族男女青年的婚前恋爱还是比较自由的，大多是在祭祖或参加别人的婚礼，或是山上劳作、赶集、走亲戚等活动中，通过对唱山歌互相熟悉而建立感情的。

　　畲族婚配的主要方式有女嫁男家、男"嫁"女家、做两头家以及子媳缘亲四种。

对歌（叶庆荣摄）

女嫁男家是畲民婚配的主要形式，女嫁男后继续保留娘家的姓氏，对亲生父母没有供养义务，也不继承亲生父母财产，只在年节按当地礼俗给父母送礼物，对男方父母与丈夫一样称父母，不称公公、婆婆，所生子女从夫姓。寡妇有带子女出嫁的自由，族亲不得干涉；不愿嫁者，也允许招亲上门继承男方财产。

女嫁男家婚俗仪式的基本环节如下，对歌贯穿始终。

一、相亲

相亲是指通过媒人介绍成亲的一种婚配方式。如果青年男女通过对歌、婚嫁喜事等场合相识后自由恋爱，再由双方亲戚朋友做媒说合，往往就没有相亲这个环节了。

对歌（叶庆荣摄）

相亲时，男青年由媒人带到女青年家，畲语叫"肽布娘"（看老婆），以此增加双方的了解。在封建时代，青年男女不能随便接触，所以互不相识。到了谈婚论嫁的年龄，男方家长要请媒人物色对象，通过相亲形式，使男女双方相互认识，彼此做一些简单的了解。在这个基础上，如果青年男女双方同意婚配，再由男方派媒人去向女方家长说合。也有媒人主动为双方牵线搭桥，撮合成亲。

在相亲这个环节就要开始对山歌，如《请媒人》，歌词如下：

我郎落娘垌[1]里来，听讲娘村何个[2]妹，

回转奴我爷[3]娘讲，我爷又托人做媒。

我郎落娘垌里行，听知娘村何同年，

回转又奴我爷讲，我爷又托媒人行。

郎托媒人娘村来，你娘讲日嫩花栽，

你娘又讲还没大，讲爱留定十八岁。

媒人回转又过来，讲是你娘亲身来，

又问聘金几多银，又问饼鱼几多对。

媒人又讲定定当，礼单又开几多样，

讲了端正正好定，又问猪朓[4]几多壮。

好落娘村定成双，备好礼担记心中，

讲了端正好来定，又问糯米几多重。

讲了端正定头对，又送日子娘村来，

还问你爷一句话，寮里扮酒几桌菜。

郎今定亲久长长，大户人女使轿扛[5]，

又利年庚合八字，先生日子拣定当。

---

[1] 垌：村。

[2] 何个：这个。

[3] 爷：爹。

[4] 猪朓：猪肉。

[5] 扛：抬。

一台红轿到娘村，人客食酒闹纷纷，

大门小门都挡了，炮仗放响正开门。

一台红轿娘村来，切姆[1]拦路歌来对，

赤郎唱歌回得好，唱得心愿门正开。

大门开了入弄堂，领其花盏笠两行，

亲家媒人坐上位，扛轿行郎两边上。

弄堂过了入大厅，领其花盏笠两边，

脱了草鞋调新鞋，茶水点心都变冷。

有《做媒歌》唱道：

门前狗仔吠哎哎，郎托媒公娘村来，

问了爷娘再问佳[2]，问了哥嫂再问妹。

门前狗仔吠汪汪，郎托媒公到娘乡，

问了四邻亲眷家，转头又问满姐娘。

小娘十八正当岁，几多媒人娘村来，

爷娘旦成一句话，准定慢慢再许配。

小娘十八正当年，几多媒人娘村行，

[1] 切姆：指新娘家出来拦路的女子。

[2] 佳：祖母。

爷娘旦成一句话，讲成亦要三直行。

十八当岁是慧娘，几多媒人娘村上，

几多郎子肽你过，总爱拣个中意郎。

爷娘旦成笑眯眯，开瓶老酒横来斟，

媒公斟酒爷娘食，好酒食掉便依成。

爷娘旦成笑爱爱，开瓶老酒横山市，

爷娘斟酒媒公食，好酒食掉依成来。

爷娘旦成笑呵呵，爷娘放手去烧茶，

食盏清茶来讲礼，回转又去请亲家。

依成了，便借问，借问礼上几多银，

几多礼份郎去办，好请媒人送过门。

依成了，便问娘，借问礼份聘银两，

几多银两郎去凑，好请媒人送娘乡。

依成了，便旦成，好请媒人来送聘，

几多聘银郎去办，送了聘银正成亲。

媒做成功笑暧暧，借问礼上何[1]几辈，

好领礼份郎办转，内亲爱领心正开。

讲成了，快活对，糖霜橘饼上十对，

---

[1] 何: 有。

大伯叔公咳介好，还使红包拿来回。

讲成了，结头对，几多红包郎包来，

舅婆姨婆介介好，还使青布拿来回。

那使娘女[1]结同年，好拿包子办端正，

舅婆姨婆会介好，一个包子四样衫。

好度娘女结公婆，唔[2]怕菜蔬领得多，

海参明琥郎侩[3]办，问娘拿使还没何。

讲成了，笑嗳嗳，问娘年庚合过来，

今年年利分郎是，明年年利接转来。

媒公做成来定亲，聘礼菜蔬开出明，

今年吃了定亲酒，明年扛轿来罗亲。

　　相亲时，对山歌看似只是一个礼仪性的环节，但是，对山歌的过程往往让原本结亲希望不大的一对男女的感情发生起死回生的重大变化。当然，也有因为对山歌产生重大失误导致原本希望很大的一对新人不能走进新房的情况。所以，相亲这个环节的对山歌，双方同样重视，非常认真。

[1]　娘女：未婚女子。

[2]　唔：不。

[3]　侩：会。

　　有很多男女青年在盘歌中相识，双方均认定对方是自己的意中人。定下终身大事之后，女方赠送给男方自己亲手编织的彩带，男方送给女方银质手镯、戒指或其他珍贵物品。即使以这种方式婚配的男女青年，在第一次去女方家时也要对山歌："新造'肚篙'月白装，是郎亲手送给娘。千万教你莫穿烂，上街落县装银两。"

　　男青年去女方家相亲，一般由媒人陪同。有的地区在相亲时，女方做点心招待男方则表示同意，不做点心表示不同意，男方同意就吃点心，不同意就不吃。

　　女青年去男方家相亲，一般由母亲或姑嫂陪同，男方给予热情接待，临行前送给女方见面礼物或礼金，称"相见礼"。女方如同意婚配即收下，不同意就拒收。有的地区的畲族男女相亲之后，男方会买一包麻饼由媒人送往女方，称"问嘴饼"，如女方三日内未退此饼，就表示女方已同意。男女双方都通过特定的方式表示同意后，就由媒人与双方家长协商婚礼时娶方应送嫁方的礼品、礼金数量，然后择吉订婚。

　　这个环节对的山歌叫《讨亲歌》，歌词如下：

　　　　灯盏照前后黑咚，大户郎子似子龙，

　　　　远处晓得郎名字，近拉晓得郎家中。

　　　　富家人女好介相，又有家产千银两，

高堂龙床娘住着，出门游姆[1]会接娘。

我郎寮里实是穷，当初无本去度双，

床上无被又无席，心里切[2]娘心都[3]痛。

乃生正是大户娘，寮里何食何思量，

又何宁波大花席，又盖金花被双床。

来姆行郎娘当头，爱奴郎坐两对头，

郎叭你娘调位坐，唱起歌元何兴头。

郎娘唱歌在厅门，六亲听歌闹纷纷，

乃有便宜娘捡着，捡来爱奴行郎分。

阿姨唱歌坐厅乾[4]，又想天财得便言，

乃何宝贝你得着，想瞒我郎你难骗。

阿姨唱歌坐厅门，又想便宜自个吞，

总有两边人唔冒，你娘唔成奴我分。

　　从这个"讨亲"也就是"探问"意向的环节中可以清晰地感受到，畲族人民非常含蓄委婉，非常照顾对方的面子。作为一个

---

[1] 姆：玩。

[2] 切：想。

[3] 都：多。

[4] 乾：原文如此，意为"前"。

定亲（郑迪摄）

定亲送衣料（张光林摄）

耕猎并举的民族，尽管畲族在生活生产中非常粗犷，但是，在缔结婚姻这样重大的人生事件上，他们非常顾及对方的感受，始终不会主动伤害对方。

二、定亲

畲族男女双方同意结合，即举行定亲礼，亦称"落定"。定亲包含两个含义。其一，向大家宣布，他们已经是一对"准夫妻"，不要再打他们的主意了；其二，男女双方都要开始筹备婚礼了。

定亲有小定、大定两种。小定是双方同意结合时，因经济、物资困难或其他原因尚不具备大定条件所采取的临时定亲措施，亦称"记一下"，只需男方备少量礼物送给女方，以后再择吉日大定，也有经双方同意，不再进行大定的。

大定就很有讲究，如选日子一般要选农历二、六、八、十逢双日，但逢四日因"四"与畲语"死"字同音，故也回避。

大定时送嫁方的礼物有四礼、六礼、八礼三种形式，由娶方自行选送。四礼的礼品是猪肉、面干、鱼鲞（或墨鱼干）、鸡蛋，六礼加橘饼、白糖，八礼则再加海带、粉丝，有的还送衣料、礼金。嫁方则须有银项圈、银手镯、银戒指等饰品。现在，随着经济水平的提高，除送食物以外，还必送衣料、毛线等高级的礼品。

这些礼物由媒人在吉日中午前送往嫁方。嫁方回馈的礼品有娶方所送鱼鲞、鸡蛋的半数，还有新郎的鞋、帽以及米粽和女子织的彩带、肚兜等，还须回赠一个礼包给媒人，娶方也给媒人同等金额的礼金，这即是媒人所得的酬金。

有些地区的畲族还送嫁方的外公、舅父、姨妈、姑母、叔伯长辈橘饼、白糖、鱼鲞等，称"大花"；送表兄妹、堂兄妹白糖一斤，称"小花"。亲人收到大花或小花，即知某女已许配，要准备贺婚礼物，么吃喜酒、讨喜糖。

三、定亲酒宴

定亲酒宴由嫁方在定亲之日中午、娶方在同日晚举行。双方都请各自嫡亲及房族亲辈吃定酒。这天，应将娶方送嫁方的礼金和猪肉、菜类、糯米、烟、衣料、饰品、糖果等礼品的数量开成

定亲酒宴（郑迪摄）

送糯米

讨年庚

礼单，作为婚礼时交收礼品的依据。

定亲时，娶方还须备大红信封（内装红纸）、毛笔、墨、礼包和白糖、饼干等礼品，要嫁方书写出嫁女子的出生年、月、日、时（即生辰八字），由媒人带去交给娶方，作挑选结婚日期用，称"讨年庚"。

有些地区的畲族习俗中，"讨年庚"须另择吉日。

四、送糯米

择定娶亲日期后，要择吉日送米酒给嫁方，畲族称"担米酒"，或叫"送日期酒""订场饭"。

吉日上午，娶方把议定给嫁方酿酒用的糯米和红曲送给嫁方，还送猪肉、面干等礼品，媒人陪同，把择定婚期的红帖交给嫁方。这天，新郎要亲自交给新娘见面礼包，新娘回新郎一条自织彩带。送米酒的仪式，嫁方一般在中午举行，娶方在晚间举行。双方均请婚礼时帮忙的亲人参加，还要请新郎、新娘的母舅、姨妈、姑母等嫡亲前来喝酒。吃过酒宴的嫡亲要请准新娘去家中做客，称"请泼妮崽"。应邀前往的准新娘必须由其生母或婶母陪同。

五、选"亲家"

婚礼时，娶方要选一位代表去嫁方家，这个代表称作"亲家"，有些地区称作"大客"，一般由娶方的父亲或兄弟担任。"亲家"在娶亲时的任务就是代表娶方家长去嫁方送礼物，接待嫁方来客，

畲家姑娘亲手编织的彩带

负责补足应送礼物的不足、催亲、告别等。到嫁方家时，"亲家"
要站在嫁方家中厅右边，先向嫁方祖宗香炉和新娘的父亲、厨师
等作揖施礼，还要说些"高头人嫁女，低头人度亲（娶亲），礼数
不周，请多原谅"之类的客套话。然后，嫁方亲人请其就座，"亲
家"向厨师、账房、嫁方亲属交付所送礼物、礼包。如果礼物不
足，"亲家"要负责补足。嫁方办嫁女酒宴，"亲家"要点燃嫁方
祖宗香炉的香烛，请嫁方的母舅、姨妈、姑母等近亲入席。酒宴
进行到香菇上桌，"亲家"要给全体宾客分烟（过去分毛烟丝，现
时分香烟）。无论男女老幼或吸烟与不吸烟，均分一份。酒宴后开

"亲家"分烟（郑迪摄）

吃入门茶（郑迪摄）

选"亲家"（郑迪摄）

始对嫁女歌，"亲家"要陪听到下半夜，再放鞭炮催亲。新娘动身时，"亲家"要向新娘的近亲及厨师分头作揖告别。

六、选赤郎

在举行婚礼时，娶方要选两个既是歌手又是厨师的人，随同"亲家"、媒人去嫁方家，其中一个称"当门赤郎"，一个称"赤郎子"，这二人进入嫁方厨房时要行借镬礼（具体过程在借镬环节中详述）。接着，当门赤郎要交给女家厨师"厨师包"（帮厨酬劳），然后退出厨房。

现今，选赤郎这种形式已在大部分地区失传。

东弄村的赤郎

七、选行郎

行郎一般是指帮忙搬运嫁妆的男子，大多是年轻小伙子，而畲族人民把抬轿的男歌手二人称"行郎"，派去嫁方家抬新娘。行郎要负责打扮新娘轿，在娶亲前一天黄昏把新娘轿抬到嫁方家，参加嫁方当晚的嫁女酒宴。晚宴后，通宵与嫁方女歌手对歌至新娘动身。现今，有的新娘不用轿，行郎对歌后就帮助抬嫁妆回娶方家。

行郎也要唱山歌。

主家叫我做行郎，一顶花轿肩头扛，

来到女家宿一夜，等候新娘扮衣妆。

子时过了丑时辰，双催新娘挖兴来[1]，

红漆面盆端暖水，一条面帕新了新。

面乃洗了进浴间，全身淋得都光生，

衫裤着好罗带缚，鞋未着起赤足行。

出了浴间着鞋靴，大小姐妹来得多，

两人点火[2]对镜映，凤凰头面一人梳。

梳起头来便插花，银打耳稔两边挂，

---

[1] 挖兴来：起身来。

[2] 点火：点灯。

东弄村的赤郎

选上行郎（郑迪摄）

又搽胭脂搭水粉，扮好仃当^[1]吃糖茶。

吃过糖茶饭端来，一碗精肉一碗菜，

念头^[2]吃饱莫饿肚，去到酒筵嘴莫开。

饭一吃了卯时正，姐妹双牵出大厅，

先拜爹来叫句娘，一双眼泪落地坪。

拜过爷娘入轿寮，两边行郎好笑笑，

食掉两杯合婚酒，又送一个子孙包。

盖了轿门出门头，前后三退风水留，

---

[1] 仃当：停当。

[2] 念头：心里想着。

新娘梳头（张光林摄）

一路扛来唧唧[1]讲，影影穿过木桥楼。

扛轿行郎实心愁，乃吓路远扛不到，

来到中途歇下力，赶紧扛去入门楼。

新娘出轿透郎门，坐落吃酒箸来分，

新郎先来敬我酒，敬我行郎酒三巡。

酒饭吃了心事宽，行郎生活是艰难，

两斤猪髀当谢礼，主家感谢送个欢[2]。

[1]　唧唧：叽叽。

[2]　送个欢：鞠个躬。

送彩礼（郑迪摄）

八、送彩礼

送彩礼就是娶方送嫁方礼物，一般分两部分，一部分是订婚时议定的礼物，一部分是婚俗规定必送的礼物。

议定礼物有三种。第一种叫"大户娶"，要送礼金若干元、酒宴若干席。新娘穿戴的服饰和床上的棉被、蚊帐等用品由嫁方置办。第二种叫"带裙带衫"，在举行婚礼时送嫁方若干便菜（简单的菜式），称"三朝酒"。新娘服饰、用具由娶方置办。第三种叫"壶酒只鸡"，礼金、菜类都不送，只在婚礼时送嫁方一只鸡、一些猪肉和酒给嫁方谢祖宗。新娘穿的、用的由娶方置办。

婚俗规定必送礼品，除"壶酒只鸡"形式，须送猪肉一块、面干两斤，称为"送主家"；另送嫁方生父鞋一双，生母衣料一件、丝罗帕一条[1]，称"老鼠头""老鼠尾"；再送祖父、祖母猪肉各一块，称"太公肉""太婆肉"；还要送谢祖宗礼、借镬礼各一份。

有的地区必送舅公白糖、橘饼各一包，肉一块，鱼鳖一对，鸡蛋、馒头若干只，称"舅公担"，还须送来嫁方婚礼帮忙的亲人每人一个礼包，通常为正厨师一个，副厨师一个，厨房烧火一个，担水一个，走堂二至四个，值酒两个，值茶两个，煮饭两个，账房管理一个，礼客一个，开门一个，接担、送担、杀鸡若干个，还有新娘梳头包、梳头拿灯包、上辐包，新娘如走路，还要有走路包。这些礼包须在送酒菜给嫁方时交予嫁方，若礼包金额过少或数量不足，由"亲家"补付。

九、三拦路

三拦路就是畲族为难男方娶亲的"拦路"习俗。在娶亲队伍到嫁方村口时，当地女青年会在村口过水、过桥处或必经的路口用荆棘、松枝拦住通道，不让娶亲人员通过。娶亲队伍不能绕道，得由赤郎与拦路女青年对几首歌，"亲家"给拦路者红包，才可通过。一般要拦三次，故称"三拦路"。娶亲队伍经过三拦路，边走边放鞭炮，嫁方得知娶方已到，即关紧大门。娶亲队伍到大门时，

---

[1]　生父、生母：当地惯用称谓，即父亲、母亲。

三拦路

拦路对歌（蓝延兰提供）

嫁方在门内，娶方在门外，各放鞭炮约十分钟后，"亲家"把开门包从门缝递进，才给开门。

"拦路"习俗于闽东、浙南景宁、闽西漳平畲族居住区都非常盛行，说明此俗非常古老。现时，大部分地区仍保留此俗。

下举拦路对歌歌词一例：

男：年轻阿妹有文才，唱条歌言分妹对，
　　歌若埋唱唔让路，唱了山歌路来开。

女：年轻表兄聪明郎，奴我拦在路中央，
　　奴娘[1]拦在路边姆，山歌唱得路长长。

男：我今拦路有来由，不为冤来不是仇，
　　妹是聪明贤惠女，心忖结亲奴你求。

女：表兄做人乃实强，唔吓山高岭又长，
　　你肯到我垌里掌，伞当瓦寮来遮郎。

男：路中唱歌真有情，阿妹隔村难通信，
　　变作甲狸钻过山，红线寻来妹穿针。

女：表兄唔使多劳心，唔使钻山又穿针，
　　总爱你郎真情谊，山歌亦侩当媒人。

---

[1]　奴娘：赛歌时女方的自称。

　　地区不同，传统的婚礼拦路歌也不尽相同。以下是另一种拦路歌，其中的"切姆"这个角色就是指新娘家出来拦路的女子。

切姆：一阵人客到娘乡，请你歌古来对唱，
　　　问你今来为何事，问郎今日到何乡？

赤郎：新科状元请我郎，月老红绳结姻缘，
　　　金枝玉叶状元度，赤郎担酒到娘乡。

切姆：问你骑马坐轿来，还是腾云雾露背，
　　　水路来何几多滩，旱路行来岭几随？

赤郎：不是骑马坐轿来，不是神仙驾雾来，
　　　共江坑水唔见滩，雾露沉沉见山背。

切姆：赤郎做人毛^[1]主张，神龙落威蛇食香，
　　　那大猫子难学虎，凤凰落毛鸡做王？

赤郎：有心学艺手玲珑，鸡子跳来胜凤凰，
　　　猫儿得意欢如虎，羊便作腔胜过龙。

切姆：赤郎做人真灵通，叹你上天去拦风，
　　　叹你上山去捉虎，叹你下海去捉龙。

---

[1]　毛: 没。

赤郎：唔捉老虎唔捉龙，唔会上天去拦风，

男人度女古人礼，贤娘度转结成双。

十、脱草鞋

脱草鞋，是指娶方队伍到嫁方家时，嫁方备点心招待，让娶方人员脱去草鞋洗脚的习俗。新娘到娶方家后，娶方亦请娶亲、送亲队伍中的人吃点心。畲族人民非常委婉地称这个环节作"脱草鞋"，意为娶亲人员穿草鞋翻山越岭，往返辛苦，吃过点心，脱去草鞋洗脚，再穿上鞋袜出席酒宴。

现如今，不论山区、平原的畲族人民均保留此俗。

十一、借镬

"借镬"即"借锅"，意为娶方向嫁方借炊具办酒席，其间，赤郎要进行有趣的借镬仪式。赤郎点燃楼上中堂祖宗香案的香烛，来到灶前，厨房站满了看热闹的人，村上的姑娘、媳妇围在灶边。阿姨、舅母或姨母端着盛有一块猪肉、两块豆腐，插有香烛的米筛（盘子），到厨房向赤郎作揖，赤郎接过后又向阿姨、舅母或姨母作个揖，再向灶神作个揖，把米筛放在灶台上，当着看热闹的男女亲邻唱起借镬歌。

古礼在先，浅学赤郎，多在山村，少见书堂，

脱草鞋中戏赤郎

赤郎洗脚（雷森根摄）

借镬（叶庆荣摄）

借镬仪式（郑迪摄）

口才粗糙，礼难周全，若错莫怪，多多见谅。

今晡[1] 来到太公乡，太公掌得好寮场，

门前麒麟对狮子，寮后金鸡对凤凰。

田中五谷多清秀，寮里六畜又兴旺，

天生龙脉真罕见，合似仙家落凡洋。

龙马相会对寮场，观音坐落在中央，

金字寮门八字开，郎儿借锅上门来。

......

接着唱借炊具的谜语山歌。在这之前，女方姐妹早把厨房里能藏的炊具都藏起来了，要赤郎唱什么拿什么，唱一样拿一样。如果唱漏了，就要为难赤郎，让他重新借齐炊具。谜语山歌可以是按照炊具形象由赤郎随口编的。赤郎唱一首，女子对一首，并拿出一件相应的用具给赤郎。

这个环节的歌词如下：

赤郎：四四方方一坪垟，当央[2] 两口似龙塘，

　　　乌云遮月一对宝，一对鸳鸯水面上。

[1] 今晡：今天。

[2] 当央：中间。

女方：借使金镬一坪垟，铁镬两口似龙塘，
桶盖圆圆一对宝，水杓舀水水面上。

赤郎：一双水鸭飞落塘，口衔珍珠水面上，
一对鲤鱼塘翻白，身上有鳞好省痒。

女方：捞萆^[1]捞饭镬当央，介边放落那边上，
刀摆^[2]好似鱼翻白，镬刷来刷镬正光。

赤郎：仙人手掌定一对，双龙抢珠两路来，
金盏一对福全寿，玉宇金盘取一对。

女方：铁打火钗钗火灰，火钳火钗两路来，
桌凳酒盏排上位，四方菜板好切菜。

赤郎：鲤鱼游在塘底上，手拿罗网定鱼仓^[3]，
玉女吹箫火城内，龙塘宝塔珍珠藏。

女方：借你铲子好炒菜，调羹饭箸放桌背，
又借火管来吹火，饭甑炊饭气爱爱。

赤郎：一双龙眼挂壁上，最大开口叱朗朗，
金龙练宝五龙取，五龙抢珠喷喷香。

女方：油盏点火朗来光，钵子装菜气往上，

---

[1] 捞萆：笊篱。

[2] 摆：翻。

[3] 仓：枪。

茶壶烧茶分郎食，酒壶斟酒六亲尝。

赤郎：龙塘内里取宝贝，取宝师傅来分开，

金盘装定送上位，进宝状元出朝来。

女方：铁镬内里煮海菜，铁打铁勺好舀菜，

桶盘端菜送上位，六亲食酒笑爱爱。

赤郎：调兵出将似战场，大仓小仓有存粮，

黄龙来载长流水，铁扇公主来思量。

女方：切菜煮菜何得忙，大钵小钵装菜香，

又催走堂来担水，灶前烧水阿姨帮。

赤郎：江水渺渺在海中，好借落地十八双，

真是大户人家女，好似皇帝女出宫。

女方：水缸装水似海中，八仙桌上十八双，

厨房家伙都借好，借好有礼凑成双。

赤郎：当门赤郎未学俭，借双切姆来擎柴，

借双阿姨来烧水，擎柴烧火手脚快。

女方：你做赤郎未学全，擎柴又爱来叱我，

生柴擎来你烧火，烧奈不着毛相干。

赤郎：厨下家伙借定当，水若落镬镬刷光，

手拿猪肫难落镬，阿姨切姆撒畚糠。

女方：你做赤郎唔在行，肽你刷镬未刷光，

猪肌不肯放落镬，还怪阿姨撒耆糠。

赤郎：耆糠撒来郎不愁，镬帚拿来掉转头，

　　　介边刷来那边旋，猪肉落镬火来烧。

女方：赤郎做人好调皮，临时出得好主意，

　　　镬帚掉转来刷镬，铁镬赤郎刷清汽。

赤郎：人客肚饥闹喳喳，耽搁煮菜是亲家，

　　　人家都讲明白话，句句讲娘不怨我。

女方：赤郎手艺未学真，猪肉好放镬中心，

　　　己个唔肯放落镬，句句还讲怨别人。

赤郎：镬奈[1] 刷好水舀上，猪肌放落镬当央，

　　　又请阿姨来烧水，燥柴烧火火力强。

女方：当门赤郎学得俭，切菜煮菜来得快，

　　　赤郎又是老手段，我娘烧火使硬柴。

　　借镬对歌后，赤郎子开始生火，当门赤郎开始刷锅。这时，灶边的柴火早就被主家全换成湿的，生不着火，让赤郎子伤透脑筋；主家也早就把谷糠撒进锅，使当门赤郎很难刷干净。于是，当门赤郎就把刷锅水有意无意地洒向站在旁边撒谷糠的女子，趁

---

[1]　奈：内。

女子远避之机迅速把锅刷净，把猪肉放下锅。这样就表示当门赤郎赢了，主家不能再"搞破坏"了。也是在这个时候，赤郎子把事先准备好的油纸丢入锅灶内，把火点燃。这样就算完成了借镬任务。

这个环节看起来是新娘家人要难为赤郎，而整个过程却充满喜气，显得其乐融融，始终不离婚礼的喜庆主题。

十二、杀鸡

借镬歌罢，开始杀鸡。杀鸡时，先在地上摊上"拦腰"，放一只盛鸡血的小碗，由赤郎执刀杀鸡。姑娘们常在赤郎身后趁其不备胡碰乱推，故意使鸡血滴到碗外，此时，要罚赤郎喝酒，一滴

鸡笼(张光林摄)

杀鸡（廖跃平摄）

杀鸡（叶庆荣摄）

罚一碗，不喝就灌。有经验的赤郎会快刀把鸡杀掉，滴两滴血到碗里，马上把鸡头夹进翅膀提走。杀了鸡，把刀放回米筛，加上厨师包，双手端去向厨师作揖。厨师接过米筛，杀鸡仪式完毕。

十三、劝酒礼

嫁女酒宴要行劝酒礼，举盘劝酒。晚餐时，"亲家"坐主位，请嫁方舅公、舅舅等坐中堂首席。晚餐开始，菜吃过三碗，嫁方请来跟赤郎对歌的歌手（也叫"赤娘"）端上一个桶盘（一般是长方形的木盘），盘内装有一对红蜡烛，放上两只酒杯、一个红包。新娘由姐妹提着酒壶陪同，首先来首席劝酒。新娘的姐妹先介绍新娘对被劝酒的客人的称呼，然后赤娘开始唱《劝酒歌》："一双酒盏红了红，奉献大厅劝祖富，奉劝祖宗食双酒，酒宴完满保佑孙。"

　　先劝首席第一位客人舅公，赤娘歌罢，姐妹斟满一杯酒给舅公，舅公放一个红包到桶盘内，接过酒一饮而尽。首席的客人一一劝过后，再到各桌一一劝酒，每人都要给一个红包。这些红包分些给姐妹，叫"姐妹钱"，大部分给赤娘做"手薪"（对歌礼金）。劝完酒，赤娘就开始寻赤郎对歌。

　　　　赤娘：一双酒盏红了红，奉献桌上劝舅公，

　　　　　　　舅公舅婆食双酒，酒宴完满结成双。

对歌用的劝酒盘（林晓红摄）

劝酒收红包

长方形木盘

赤郎：舅公食酒通面红，讲出彩话是灵通，

今晡食掉外甥酒，明年又添外甥孙。

赤娘：一双酒盏似黄金，奉上桌上劝媒人，

劝你媒人食双酒，酒宴完满结成亲。

赤郎：阿姨劝酒真有心，一双酒盏劝媒人，

天卜无云坤落水，夫妻没媒难成亲。

赤娘：一双酒盏花又花，奉上桌上劝亲家，

劝你亲家食双酒，酒宴完满妹出嫁。

赤郎：一双酒盏花又花，感谢阿姨劝亲家，

六亲九眷食双酒，酒宴完满好行嫁。

赤娘：一双酒盏发亮光，奉上桌上劝爷娘，

世上一男对一女，女大总好配贤郎。

赤郎：爷娘领酒莫痛心，女大总好嫁别人，

今晡筵上食双酒，七日回转肷双亲。

赤娘：一双酒盏似金黄，奉上桌上劝行郎，

今劝行郎食双酒，酒宴完满结妻房。

赤郎：阿姨劝酒歌朗朗，感谢阿姨劝行郎，

食了新娘一双酒，酒宴完满度新娘。

赤娘：一双酒盏似黄金，奉上桌上劝六亲，

六亲九眷食双酒，酒宴完满结成亲。

赤郎：讨亲嫁女喜洋洋，全靠六亲九眷帮，

　　　　阿姨劝酒多食盏，感谢六亲来帮忙。

十四、撬蚧

撬蚧，就是捉蛙之意。畲家新娘出嫁的前一天，四个轿夫抬花轿与媒人到新娘家（20 世纪 50 年代后期改为出嫁当天）。老人说，轿夫到新娘家吃晚饭时就开始盘对龙歌与蛙歌等，盘唱"撬蛙歌"成为畲族新娘出嫁盘歌的固定仪式，一直流传至今，从未间断，且这种歌只在出嫁婚礼上盘唱。

轿夫与媒人接亲时必备零钱一包（钱的数量由于年代不同而不同），现在一般藏在轿夫的肚兜里，俗称"轿蛙红包"，双方盘歌到一定的时候拿给新娘家的姐妹（女性亲戚），而女方姐妹所得红包钱，谁也不许独得，在对完龙歌与蛙歌后，平均分给一起来盘唱"撬蛙歌"的伙伴们。

这个仪式还有另一层含义。蛙的繁殖力极强，而且每只蛙一年可为人们消灭好多害虫，保护农作物，畲民称它为除虫保丰收的神，把它当作发族多福的象征，因此，"阿姐"（新娘）上轿前，阿妹和阿嫂们必须把轿蛙撬出，以示合家平安、有"衣食"，故又称为"撬蛙"。到了 20 世纪 90 年代后，这种流传已久的"撬蛙"仪式还保留着，但蛙歌已极少听到了。

劝酒赤郎并讨红包

向众亲劝酒后，女歌手要向娶方做厨师的赤郎劝酒，并讨劝酒包，称"撬蚧"。女歌手讨这个礼包要与赤郎做一番对歌舌战，否则赤郎就不给礼包，这时唱的歌称《撬蚧歌》。

女歌手：姐妹双唝便起身，十二姐妹共一阵，

　　　　四处田场去捉蚧，捉到蚧崽正甘心。

赤　郎：阿姨捉蚧便起身，腊月寒冬水成冰，

九月十月有^[1]没蚧，春三二月蚧成阵。

女歌手：姐妹捉蚧老在行，五吓十月落严霜，

　　　　　春三二月牛屎蚧，九月十月蚧巧壮。

赤　郎：正月过了二月初，百草抽青蚧出窝，

　　　　　春三二月蚧生卵，田中生卵啯嘎嘎。

女歌手：惊蛰过了暖来多，蚧子出窝实在多，

　　　　　田中蚧牯嘎嘎啯，分娘捉到没奈何。

赤　郎：蚧崽浮在田中心，浮在田中仰着人，

　　　　　肰着人来蚧就走，伏在水底娘难寻。

女歌手：蚧崽钻入田当央，头若钻入身朝上，

　　　　　夹头夹爪捺下倒，分娘捉到眼愁黄。

赤　郎：阿姨捉蚧唔讲究，蚧崽身上滑溜溜，

　　　　　三下四下捺唔倒，一下跳去几多丘。

女歌手：我娘捉蚧真讲究，蚧跳一丘追一丘，

　　　　　连追三丘就捺倒，分娘捉到啯啁啁。

赤　郎：阿姨捉蚧真没干，蚧崽实有两下半，

　　　　　钻入田岩洞里掌，洞里九曲十八弯。

女歌手：蚧走九曲十八弯，我娘秆火就来煅，

[1]　有：又。

我娘秆火就来蜡，蜡你蚧崽望出钻。

赤　　郎：阿姨秆火烟来冲，一个洞子两头通，

介头冲来唔头走，一直走上高山栋。

女歌手：蚧崽走上高山栋，姐妹追透大山中，

阿姐捺头捺紧紧，阿妹捺脚唔放松。

赤　　郎：蚧崽实有三下拳，一下弹脱吓没魂，

两个阿姨弹跌倒，走入青山柴棚中。

女歌手：蚧在柴棚娘唔愁，雪白刀子缚身腰，

刀子掠去柴棚倒，马上点火就来烧。

赤　　郎：阿姨放火烧唔掉，蚧崽跳落坑门沟，

正好追透蚧又走，阿姨空手是好笑。

女歌手：蚧崽走落坑门沟，今年早冬坑门燥，

十二姐妹齐动手，见有蚧崽都捉掉。

赤　　郎：阿姨捉蚧心唔休，蚧崽住场水流流，

阿姨行透蚧又走，妻姆滑倒爬半昼。

女歌手：蚧崽坑塘水上漂，竹篙缚网就来捞，

分我一下就捞到，分娘捞到心又愁。

赤　　郎：竹篙缚网口朝天，东边捞去走西边，

西边捞来东边走，还在水面舌舔舔。

女歌手：东边游来西边漂，铁打石枪就擎透，

便使石枪拿来触，触你蚧皮脱几苑。

赤　郎：听知娘讲使石枪，蚧崽便跳高岩上，
　　　　下爬唔上上难落，石壁门头仰着娘。

女歌手：蚧走高岩石壁上，新打麻绳百二丈，
　　　　头上麻绳便放落，下边楼梯便铺上。

赤　郎：阿姨捉蚧唔明功，蚧上半天云头中，
　　　　坐在云头仰唔着，阿姨捉蚧篓空空。

女歌手：蚧崽走上云头中，我娘有把打弹伞，
　　　　弹枪擎来上弹头，一弹打去落篓中。

赤　郎：阿姨妻姆好笑笑，侬郎捉蚧当搞笑，
　　　　双手侬娘举下礼，偿你一个大红包。

女歌手：姐妹提蚧料入笑，赤郎行郎莫心焦，
　　　　提蚧也是古人礼，感谢亲家带红包。

赤　郎：阿姨提蚧打抽丰，郎拿红包有一双，
　　　　你讨红包古人礼，我做赤郎埋心痛。

　　不同地区畲族婚俗的一些细节也会有所差异，譬如在这个环节，有些地区的畲族唱的是《祖宗歌》。

　　笔头落纸字来真，前朝娘娘生聪明，

蓝雷三姓共位将[1]，都是蓝雷子孙人。

二笔落纸字来长，一朝天子一朝官，

盘古开天几朝代，高辛皇帝坐朝江。

高辛皇帝坐京城，管透[2]天下是百姓，

盘王乃养[3]三个仔，第一姓盘走落番[4]。

第二一仔是姓蓝，何一何二又何三，

盘王心头多欢喜，流传天下仔双孙[5]。

第三一仔是姓雷，雷仔生来生端才，

盘王心头多欢喜，蓝雷三姓共姐妹。

第四一女生端正，从细[6]出世在京城，

盘王心里多欢喜，爱寻女婿结同年。

姓钟招来做女婿，准当[7]共父共母挨[8]，

姓盘去番未回转，乃剩蓝雷二兄弟。

门前喜酒嫩花钱，十二红帖请郎来，

---

[1]　共位将：一起住。

[2]　透：到。

[3]　乃养：只生。乃：只。

[4]　走落番：去远方。

[5]　仔双孙：好子孙。

[6]　细：小。

[7]　准当：也跟。

[8]　挨：哀。

十二红帖请扛轿，四个扛轿轿娘垌来。

门前喜酒嫩花青，十二红帖请郎行，

十二红帖请扛轿，四个扛轿娘垌行。

门前喜酒嫩花栽，十二红帖请郎来，

祖公[1]原先何个礼，个礼原底传落来。

门前喜酒嫩花青，十二红帖请郎行，

祖公原先何个礼，个礼不是娘做行。

一顶红轿透厅边，阿姐坚房哭真天[2]，

教郎红轿扛回转，我爱[3]留姐多一年。

一顶红轿透厅坝，阿姐坚房哭一回，

教郎红轿扛转去，我爱留姐多一岁。

　　另有一些地区的畲族人民，在这个环节对唱的是《红曲酒》，一般都是女方先开口唱。

　　女方：红曲炊[4]酒黄了黄，四角桌头当龙潭，

---

[1] 祖公：祖宗。

[2] 哭真天：大声哭。

[3] 爱：要。

[4] 炊：酿。

娘楼门嘴[1] 四井水，问郎都叫是毛[2] 潭？

轿夫：娘楼头井是龙潭，二井鲤鱼跳龙门，

三潭就是龙化井，四井就是蛙井潭。

女方：红曲炊酒黄了黄，银瓶装酒点[3] 桌中，

四角桌头当龙井，问郎都叫是毛龙？

轿夫：歌言唱还唱歌妹，中国原是八头龙，

唐明皇帝管天下，福建乃剩八头龙。

中国八龙讲你听，龙王何名又何姓，

东海原是鳌龙住，东海龙王名施安。

南海龙王姓东英，北海北龙讲分明。

南海奇龙斩去了，古何[4] 三头是地龙。

对唱了《红曲酒》后，继续对唱《龙歌》。

女方：地龙是地龙，中国地龙几头龙？

几头去番未回转，中国乃剩几头龙？

---

[1] 门嘴：门口。

[2] 毛：什么。

[3] 点：放。

[4] 古何：还有。

轿夫：地龙是地龙，中国地龙八头龙，

　　　五头去番未回转，中国乃剩三头龙。

　　　三头地龙讲你听，一头又在龙虎山，

　　　一头南京凤凰府，一头福州洗澡坑[1]。

　　　地龙内里讲分明，地龙内里何名姓，

　　　东海龙王金雅树，西海龙王名树安。

　　　三头地龙讲周全，再讲福建八头龙，

　　　八头龙王出福建，都是福建福安门。

　　　福建又出八头龙，再讲四头去西方，

　　　牯龙[2]去番未回转，乃剩初封四头龙。

　　　四头龙王去番邦，第一就是白龙王，

　　　走去北海未回转，一年一转肰父娘。

　　　二位就是耳江龙，耳江龙王去西方，

　　　走去西方未回转，去肰父娘套上逢[3]。

　　　第三就是青龙精，本主就是土地神，

　　　拨落凡间喊造反，走去东海毛人寻。

　　　走去东海人未防，四位就是洪虎龙，

---

[1]　坑：河。

[2]　牯龙：雄性龙。

[3]　套上逢：不相逢。

洪虎龙王去南海，丢兜[1]父娘心不放。

乃剩初封八龙王，革带龙王官井中，

花鼓花龙在上是，第一官井革带龙。

女方：第一官井革带龙，乾隆游玩带手巾，

嘴干毛茶担水食，手巾放落水面去。

手巾放落水面上，乾隆欢喜笑茫茫，

思量官井水好食，又封革带做龙王。

轿夫：第二上是花鼓龙，乾隆来透土地宫，

肤见鼓龙画得好，嘴乃不讲心里忖。

嘴乃不讲心里忖，真像鼓龙一样装，

玉笔助居[2]做脚手，又封花鼓做龙王。

女方：第三赤溪木龙王，先生书堂[3]教文章，

先生书堂教书语，弟子画龙在眉梁[4]。

弟子画龙在眉梁，真像鼓龙一样装，

真像鼓龙一样样，先生不讲肚内忖。

先生不讲肚内忖，今晡皇帝透我门，

[1] 兜：开。

[2] 居：它。

[3] 书堂：学堂。

[4] 眉梁：横梁。

弟子见信就去肽，正德皇帝透我门。

正德皇帝透书堂，弟子画龙在眉梁，

玉笔助居做脚手，一时封居木龙王。

木龙是木龙，暗晡[1] 大水[2] 又大风，

一座书堂流去了，木龙就是赤溪龙。

轿夫：第四沙溪沙龙王，将[3] 牛星仔[4] 又来帮，

一半[5] 将牛画太看，画头龙仔在沙江。

画头龙仔沙溪洋，李家画龙在沙江，

沙龙就是坤安画，正德封居沙龙王。

全头[6] 一二讲你听，沙溪画龙李坤安，

本主又出寿宁县，画龙又画福安城。

坤安本身探花郎，真主又出寿宁洋，

家里贫穷未出事，将牛画龙在沙江。

画头龙仔在沙江，今晡皇帝转回乡，

---

[1]　暗晡：晚上。

[2]　水：雨。

[3]　将：放。

[4]　星仔：小孩。

[5]　一半：一边。

[6]　全头：从头。

回转毛乇分^[1]母食，又带乌豆转回乡。

又带乌豆转回乡，回转沙溪沙中央，

乌豆助居做眼杰^[2]，一时封居沙龙王。

女方：十六龙名讲你听，祖公流传造出行^[3]，

蓝雷三姓原祖礼，劝你齐人^[4]要学行。

十六龙名十六唱，祖公流传造出来，

蓝雷三姓原祖礼，劝你齐人学来唱。

你乃要学全堂^[5]教，莫学二条乱猴^[6]来，

未学文才莫食钱，遇着贤人不是坑^[7]。

投师郎村扛轿郎，一卷歌言来上场，

十六龙名都唱了，二卷歌言来上场。

祖公原礼排桌边，排分^[8]桌上讲龙名，

十六龙名都讲了，二卷歌言再来盘。

前门喜酒嫩花栽，十二红帖请郎来，

---

[1] 毛乇分：没东西给。

[2] 眼杰：眼睛。

[3] 造出行：编出来。

[4] 齐人：大家。

[5] 全堂：全部。

[6] 乱猴：胡乱。

[7] 坑：玩。

[8] 分：到。

祖公原礼排桌上，一来二去奴郎对。

除"壶酒只鸡"形式的婚礼外，"大户娶"和"带裙带衫"形式的婚礼都要对歌一夜或两夜。第一夜是嫁方女歌手与赤郎对唱，称"唠赤郎"；第二夜是嫁方女歌手与行郎对唱，称"唠行郎"。嫁女酒宴进行到中途就开始对歌，一直唱到新娘动身。上半夜要唱与嫁方有关的歌，如红轿度亲歌、姻缘歌、嫁女歌、银器歌、中芏歌等；半夜主人招待吃点心时要唱点心歌；后半夜要唱吸引力较强的杂歌、故事歌；新娘动身前行对盏礼要唱对盏歌；新娘动身时女歌手要唱留郎歌、送郎歌，行郎要唱感谢歌；新娘轿抬出大门，双方要对唱新娘动身歌，全部对歌才算结束。

现将著名的《红轿歌》辑录于此。

广东茆竹拣中央，砍倒一对做轿杠，
意轿老司意轿椅，落你娘垌扛新娘。
大轿扛来入大门，新耕蓝布做轿篷，
轿门又使拦腰定，拦腰面上又加红。
红轿扛来入大厅，当初置立三玖剑，
三玖剑头犯落地，轿后又带米筛镜。
红轿扛来入弄边，两边又有子孙凳，

落你娘垌度新妇，度转添财又添丁。

银打手镯打三连，三人结义古人编，

正是桃园刘关张，分娘亥牙转连连。

何缘讲到今年来，媒人来讲几多回，

小两银钱打耳锣，没成又讲送过来。

苦竹林林娘拣细，十重火碗拣一排，

郎好拣你大户女，红轿扛转做世界。

苦竹材林娘拣双，郎娘何情对心中，

大户人女郎拣着，大轿扛转结成双。

苦竹林林娘纺纱，郎今对着莫嫌差，

乃生正是大户女，红轿扛转做人家。

坑唇阳鸟□啰啰，好□你娘做代婆，

又□你嫂做舅姆，再□你哥大舅做。

红轿扛来心里笑，何缘成双远来接，

今世奴娘做姻缘，路头送来子孙包。

红轿扛来到娘村，来时凑单转成双，

今下姻缘结成了，扛转郎家发子孙。

十五、对盏

新娘上轿前要行对盏礼，仪式很隆重。在大厅合拢几张大桌，

作揖告别

吃对盏酒

摆上各种菜肴，由娶方"亲家"邀请新娘的父母、外公外婆、娘舅、姨妈、姑母、兄弟和厨师、账房、歌手以及娶方其他到场帮忙的亲人入席吃对盏酒。"亲家"代表娶方向在座嫁方亲人作揖告别，此时，行郎与女歌手要唱《对盏歌》。

女歌手：蜡烛灯火朗来光，对盏酒宴来摆上，

对盏原是古人礼，古人留传有名堂。

行　郎：蜡烛灯火红又红，好来对盏对成双，

上祖流传对盏礼，对盏筵上念祖宗。

女歌手：亲家媒人讨亲来，担来金鸡有一对，

主人又讲要对盏，筵中对盏那人来。

行　郎：堂中对盏好筵杯，上祖留传立落来，

上代公白[1]来把盏，亲家行前来定杯。

女歌手：主家对盏扮定当，舅公舅娘尽坐上，

带公带婆食对盏，对盏食了轿就扛。

行　郎：主家对盏扮出去，阿姑娘姨坐上去，

阿叔伯爷食对盏，食掉对盏结夫妻。

女歌手：主家对盏扮定当，要喝厨官喝记账，

---

[1]　公白：祖宗。

总管记账坐来食，食掉对盏起身扛。

行　郎：主家对盏扮出来，内宗内亲尽坐来，

　　　　厨官总管尽坐落，食了对盏结头对。

女歌手：桌上酒盏摆出来，一个项位一个杯，

　　　　公白手上擎酒盏，亲家把盏来碰杯。

行　郎：公白亲家把酒盅，斟上高辛酒一双，

　　　　先敬龙麒公主酒，再敬主家老太公。

女歌手：亲家对盏实是贤，手拿金杯转连连，

　　　　金盏好似金星子，对盏好似月团圆。

行　郎：公白对盏真有劲，对得天上星子明，

　　　　对得月里沙罗树，玉兔上树好玩亲。

十六、留轿

对盏仪式之后，新娘进行吃千斤饭和留箸仪式。

新娘由二位伴姑相陪，走到厅堂向父母亲告辞，与兄弟姐妹各含一口砂糖饭，以期日后生活像糖样甜蜜，谓"姐妹饭"，并用巾帕包好三口糖饭，藏在怀里带到夫家养千斤大猪，谓"千斤饭"。

留箸，意为新娘要去别人家了，父母交给兄弟赡养。新娘站在中堂中间的小凳上，面朝外，兄或弟站其背后，左右手各拿一双筷子，从新娘腋下递给新娘，新娘接过，从肩上将筷子还给兄

留箸（廖跃平摄）

留轿（叶庆荣摄）

弟，反复三次。这个时候，要选四人在祖宗香龛前猜拳，意思是让祖宗看大家猜拳，这样祖宗就不会注意到亲人被别人家抬走而伤心。

轿抬至村外路口，新娘姐妹要站在轿两边拉住轿，扛、推、拉三下，表示因为留恋而挽留姐妹，称作"留轿"。按照畲族婚俗，这个时候要唱《留轿歌》。

今来新娘出厅门，阿姨留轿闹纷纷，

多谢阿姨来留轿，多谢路堂铺得红。

今来红轿出大门，多谢主家大发坤，

添丁进财大兴旺，大振家声万年春。

今来新娘出门厅，阿姨切姆赶来央，

阿姨切姆来留轿，发来子孙都出名。

今来红轿起身行，阿姨来调子孙包，

切姆阿姨来留轿，莫嫌行郎礼数轻。

阿姨切姆实何心，赶来留轿唔使停，

调包也是古人礼，当作传代做人情。

包乃调好便起身，新娘坐好哭淋淋，

感谢阿姨来留轿，好事做来真欢心。

包乃调了起身扛，夫家时辰莫来扛，

感谢阿姨切姆忙，赤郎何歌也来唱。

女今行嫁到郎寮，爷娘相隔几山岙，

过了七日回门娚，肽见爷娘好笑笑。

留轿后，姐妹要拿油纸芯在轿灯上点燃，回家放在祖宗香炉边，称"点姐妹灯"。

十七、请祖公

对歌结束，就要请"祖公爷"。

将男方送来的鸡、猪肉等祭品供在祖先香案前，告知祖先："新娘某某到某地去成家立业，请祖宗保佑她平安无事。"

赤娘到案前点燃红烛，两只灯笼挂在轿前，由一位父母双双健在的姑娘打伞递给新娘，新娘递过"开伞红包"，接过伞遮住头，动身起步。

在中堂前，要进两步、退三步再开始走，畲语叫"留风水"。

这时，大小鞭炮齐响，起轿行嫁。

这个环节有《请祖公》山歌。

女：山哈度亲请祖公，筵中斟酒两三轮，

上祖流传古人礼，祖公请好饼来分。

男：一双饼鱼定饼包，一双蜡烛定联炮，

留凤水（张光林摄）

一个鸡公定块肉，一壶老酒定红包。

女：蜡烛点火红了红，筵上斟酒何两轮，

隔壁公帕[1]来代请，点起红烛满堂红。

男：一包饼子轮了轮，祖公请好拿来分，

细崽食了又会大，年老食了牙不痛。

女：亲家媒人饼分到，一头食饼一头笑，

大大细细食饼子，还有火炮未放掉。

---

[1] 公帕：太公。

十八、催亲

在宴席中，有一些地区的嫁方女歌手会起歌头找赤郎对歌。

> 女方：换晡[1]听讲赤郎来，姐妹双窝站门背，
>
> 　　　姐妹双双去修路，修条大路赤郎来。
>
> 赤郎：今晡寮里起身来，收拾南货[2]两三回，
>
> 　　　收拾南货饼搭面，担落娘垌度花栽。

起歌头后就一边吃一边唱，酒席完毕后接着对歌，一直对到新娘快要起行。新娘起行前要唱催亲歌，最后当然也要唱送歌神。

十九、夜行嫁

畲族婚礼的又一个特点是新娘夜行嫁，卯时进夫家门。

在"子时过了丑时上，新娘梳妆更衣衫……"的催亲歌歌声中，新娘开始梳妆更衣。据说，拂晓行人少、清爽吉利，是行嫁黄金时刻。

过去，从做新娘那日起，畲族女性把头发梳成螺式或筒式髻盘在头上，戴头冠，着花边衣衫。头冠外扎四根用数百粒白色玑珠串成的珠带，插上银钗；头冠下缀一条约一尺长三寸宽的小红

---

[1]　换晡：昨天。

[2]　南货：礼物。

催促新娘

绫，艳丽夺目；一块圆形的银牌上缠着三块小银牌，挂在额前。这就是颇具畲家特色的凤冠。新娘还要戴耳环和银项圈，尤其是左手无名指上要戴一只九连环的银戒指。据说，这九连环戒指是取其日后有九子十二孙之意。

现今，新娘的发型和衣着打扮有很多与当地汉人没有多大差异。但若按照畲族婚俗的仪礼来举行婚礼，依然要按照祖宗留下的规矩，由父母双全的村中阿嫂帮忙依古礼戴凤冠，在三更半夜梳妆更衣，早出娘家门，按照规定，卯时入夫家门，以图吉利。

行嫁时，姨母把新娘搀到屋檐下，撑开行路伞交给新娘，沿

新娘与伴娘（叶庆荣摄）

新娘准备出门

畲族凤冠（景宁式）

新娘戴凤冠

新娘戴凤冠

途半撑半蒙行路。

　　相传，始祖三公主当年撑"皇伞"行嫁，于是就世代沿袭新娘撑行路伞。《畲族简史》中就有这样的记载："新娘出阁持一伞，半张以蒙其首，步行至乾宅。"如今，许多新娘以车代步，但依旧随身带着行路伞。

　　一群姑娘依依不舍地分别把嫁妆抬起，送到大门外。有的抬着嫁妆向东走，有的往西行，弄得看起来一团糟的样子，故意让赤郎束手无策，紧紧跟在她们后头好言求情。经过一番戏耍之后，赤郎掏出早准备好的红包递给姑娘，表示送行谢意。姑娘也以红包回敬，预祝一路平安。这样相互赠送红包，谓"牛牯兑牛娘"。

妆后给红包

出行带行路伞（郑迪摄）

行嫁路上（叶庆荣摄）

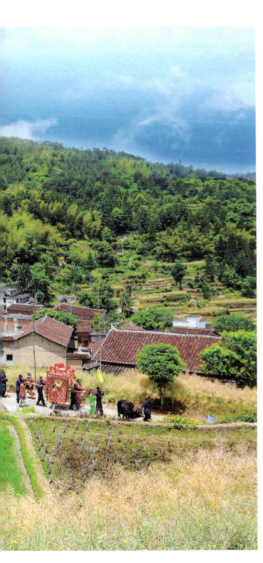

可是，调皮的姑娘牵过"牛牯"，却不兑"牛娘"，这么一来，当然又有一番逗趣。她们或是拿走嫁妆上的"点心饼"（赤郎途中食用），或是往赤郎脸上抹黑，赤郎好不容易才把嫁妆接过来，就赶紧点起松明灯引路，健步如飞地动身，确定没有人再来捣乱了，就唱感谢歌："感谢酒、感谢茶，感谢六亲和东家，感谢姐妹来送行，郎今度亲转回家……"

欢快的歌声在山间回荡，新娘已走很远了。耍赤郎往往又播下爱恋的种子，埋下赤郎是否会再来该村娶亲的悬念。如果没有人耍赤郎，这个村的姑娘就会被人说没本事。

新娘穿草鞋行嫁，穿的草鞋须新娘父母聘请父母双全的男子代做。草鞋四耳缚一个古铜钱，随它丢失在路上，最好不带到夫家。清代，受汉文化影响，由行嫁改坐轿（20 世纪 60 年代后

坐轿的也逐渐减少）。为保留民族特色，轿的构造、打扮与他族不同，并有一套礼节和对歌唱词。多数新娘轿的轿架、坐垫、轿篷、轿杠全用畲乡盛产的毛竹制造，称为"靠椅轿"。

扮新娘轿要在轿背后悬挂竹制米筛，上装一面镜、三枚箭、一把剪刀、一杆尺，意为防止妖魔鬼怪伤人。轿篷盖一条蓝布夹被单，轿门挂两盏红灯笼，还挂一块红布和一条约二尺长的畲民特有的围裙。轿抬到新娘家要停在大门外，放在嫁方准备的脚盆上，待嫁方晚间嫁女酒宴后才取走脚盆。歌手根据新娘轿的构造和打扮编出一段段动听的扮轿歌。

女歌手：当初毛竹在广东，今下毛竹处州种，
　　　　毛竹又有百样使，哪人好使掘蔸种。

行　郎：广东毛竹肚内空，待郎掘蔸转去种，
　　　　临时种竹临时大，临叶生笋叶葱葱。

女歌手：风吹毛竹叶翠翠，你郎种竹做什个，
　　　　你郎种竹什个使，什哪使场讲分我。

行　郎：新种毛竹肚内空，采来一对做桥篷，
　　　　做篾老师来缚轿，新娘轿子花成双。

女歌手：风吹毛竹竹尾摇，百样使场都做透，
　　　　又有使场手上拎，还有使场在肩头。

行　郎：园里毛竹一样长，采来一蔸做轿杠，

　　　　轿杠做好缚轿椅，扛落娘村度新娘。

女歌手：深山毛竹生成行，行郎采来做轿杠，

　　　　行郎一年使了使，问你轿杠几多长。

行　郎：今晡来唠共厅堂，行郎照直讲分娘，

　　　　行郎照直侬你讲，轿杠又有丈多长。

女歌手：缚轿老师真明功[1]，造出轿寮似仙宫，

　　　　仙宫内里坐仙女，仙女落凡结成双。

行　郎：扮好轿寮好肤相，人人都讲似天堂，

　　　　三尺红布挂轿顶，一双龙眼朗来光。

女歌手：你郎唱歌是好汉，今晡又讲轿来扮，

　　　　什哪[2]规矩依我讲，轿前轿尾哪怎扮。

行　郎：扮好轿桥使端正，后挂铜尺米筛镜，

　　　　轿门字带拦腰定，火笼暖轿度同年。

二十、回避

新娘上轿时，孕妇须回避，当地风俗认为孕妇在场会影响新娘生育。新娘进门时，娶方厨房帮忙的亲人要解下身上的围裙挂

---

[1]　明功：聪明。

[2]　什哪：什么。

踏路牛（郑迪摄）

牛踏路（廖跃平摄）

在厨房柱子上，菜刀要砍在菜板上，以此表示厨房无人，意思是回避轿神，以免轿神到厨房找吃的时伤到在帮忙的人。新娘下轿时，寡妇要回避，否则会使新娘夫妇不和。新娘到夫家大门，夫家放鞭炮迎接。这时，孕妇要避开，以免"冲喜"。

二十一、踏路牛

畲族姑娘出嫁，如果两个新娘刚好在同一天，又走同一条路，或同走其中一段路，就要进行协商，因为后走者就是走别人的"旧路"，但新娘的一切都要是新的。怎么办呢？一般让路远的先走，后走的新娘就用一头角系红绸、插着红花的黄牛在前面踏路，表示牛走过的路又是新路，也象征着新娘新郎新生活的开始。家庭富裕的娘家还将踏路牛作嫁妆陪嫁。

二十二、传代

新娘轿放于天井，接姑把轿前灯提到香案后来扶新娘出轿，两位老妇拿三只布袋铺在地上让新娘踏过，最后一只布袋收起再放到最前头去，这样连续铺路，叫"传代"。

新娘到中堂，由一位父母双全的姑娘接过雨伞，新娘递过接伞包。赤娘将灯笼挂在祖宗香案左右，一路忌灯火熄灭。新娘由赤娘带领，经过香案前，再到厨房灶前坐一会儿，等祖宗香案上摆放好了祭祀礼品，新娘就到中堂，站在右边，新郎站在左边，进行拜堂。先向天井拜三拜，再朝照壁祖宗拜三拜。

摆好祭品（雷李江摄）

旧时行跪拜。有些调皮的新娘往往把新郎的长衫角跪住，不让新郎先起来，因为据说谁先起来以后谁在家庭里的地位就更高。现在很少有人拜堂，要拜也是双双站着拜。

二十三、回门

回门也叫"做头客"，就是新婚后的第七天，新郎办一担礼物陪新娘回娘家去。在岳父母家住上二至四夜后，新郎带着新娘返回自己家，回门就结束了，夫妻双方正式开始过日子，男女相谐

赤娘与灯笼

上山下地，辛勤劳作。

新娘到夫家行归门酒宴时，要在接姑陪同下向每席来客献糖茶、发烟。来客用茶后放一个礼包在茶盘上作为回礼，钱的数量参考劝酒包。这就是泡糖茶。

[叁] 景宁畲族其他婚俗

一、男"嫁"女家婚俗

所谓"嫁"男即是男子"嫁"到女方去，出"嫁"的男方为"去当儿"或"做女婿"，而招赘的女方则为"喊儿"或"招亲"。"去当儿"并非家境困难或兄弟多的缘故。有少数人家把女儿留在家里"喊儿"，自己的儿子反而"去当儿"。畲族男"嫁"女家不

新郎新娘分喜糖喜烟（张光林摄）

会受歧视，男"嫁"女方与女嫁男方的婚礼也基本没有太大差异。

清末记述浙南畲族的《畲客风俗》云："畲客喜招女婿，即可以婿为子，俗所谓'畲客人有女即有子也'。如蓝甲无子，仅有一女，乃招雷乙为嗣，以女为媳。"从"畲客喜招女婿"可知，这种男"嫁"女的例子不算少，甚至成为畲族历来的习见之俗。

民国时，浙江西部的建德也有"畲客招婿"的记载。民国何子星《畲民问题》中说："（畲民）如无子而有女者，则招他人之子为婿（原注：俗所谓畲客有女即有子也）。如无子而又无女者，则养他人之女而赘婿，以其所赘之婿作为己子。被赘者又必改从赘者之姓，而登谱入族，始得女家家律的承认。其在家族的地位视同亲子，并得享受财产承继的权利。"

男"嫁"女后要从女姓，所生子女同样从女姓，对女方父母亦称父母，不称岳父岳母，可继承女方财产，可以亲生子身份加入宗谱，死后与女方男丁同辈排列位名（出嫁女子入娘家宗谱）。

畲族"嫁"男冲破了亲生子传宗接代的华夏旧传统、旧观念，把亲生儿子"嫁"出去，女儿留在家中，再把别人家的男子"娶"回当儿子，这既反映了畲族人民对男权家族观念的淡漠，也说明了畲族社会生活、婚姻风俗的个性特色，畲族人民把这一习俗作为民族精神财富世代相传，冲破了男权社会的狭隘性。中华人民共和国成立之后，更有一些汉族男子嫁到畲家"当儿"，促进了民族平等和团结，更是难能可贵。

二、两头家婚俗

此种形式下，男女结成夫妻后，两头都是自己的家，来回走动，共同生产、共同管理两家的家庭事务，共同赡养两家的父母和其他长辈。

关于两头家婚俗形成的原因，民间有这样的传说。早年，福建漳州灵芝山有一对真诚相爱的青年男女，只因双方都是独根苗，女的不能嫁，男的不能赘，久久不能结婚。有一天，他们俩一起在山坡砍柴，见一对燕子叽叽喳喳嬉戏在枝头上，又欢乐又亲昵。男的不由叹息道："燕子呀燕子，我们两人不如你，你们无牵无挂，能自由自在地结合，我俩真诚相爱，却因家庭拖累，没法成亲！"女的看着燕子展翅伴飞，一阵联想，突然笑着对男的说："燕子成双，秋去春来，南北为家，咱俩何不学燕子的样，也来个两头有家呢！"一句话说得两人笑逐颜开。就这样，男女青年采用两头家的形式结成了夫妻。婚后，两头一家亲，日子过得蛮好。从此，两头家婚俗就在畲家传承下来。

长期以来，畲族男女共同上山下田，以两头家形式结成夫妻的不仅是独生子女，多子女的家庭也依样仿效，在山区较为盛行。从传说中可以看到，这种形式受到大自然"燕子南北有家"的启示而来，兼顾两家的经济生活。现今许多独生子女的婚姻结合也是共同管理两头的家庭事务和共同赡养两家父母的，由此可见，畲族两头家具有时代前瞻性。

过去，由于受旧社会民族歧视和压迫的影响，畲族只能实行族内婚，远房同姓同辈可嫁娶。"嫁"男和做两头家可谓是畲族婚姻的一大特色。男方到女方落户和嫁女一样，女方也得给男方一定彩礼。

三、子媳缘亲婚俗

如果经济困难的畲民生有儿子，怕儿子长大成人后娶不到媳妇，就送二斗大米或二块银圆抱他人幼女做童养媳，长大后与儿子婚配；婚后30岁以上有女无子的，可抱一幼子抚养，长大后与女儿婚配。抱童养媳或童养子的均须是符合与本家通婚条件的姓氏和支族。童养媳或童养子成人后，必须男女双方同意婚配并举行婚礼，请过"缘亲"酒，拜过祖宗，才能成为夫妻。有了童养子后，如果后来又生育儿子的，童养子与亲生子享有平等权利。

三、景宁畲族婚俗的内涵与文化价值

畲族婚俗的内涵十分丰富，是历史文化的『活化石』、生活文化的『活见证』和科学研究的『活材料』。

三、景宁畲族婚俗的内涵与文化价值

[壹] 景宁畲族婚俗的内涵

　　山歌为媒是畲族婚嫁习俗的一大特点，也是最吸引人的地方。纵观畲族的文化与历史，山歌在畲族的生产生活中占有很重要的地位，这应该与畲族的文化历史和生存环境等因素有关。

　　山歌是畲族人民最古老的口头文学形式，富有畲族语言特色，是民歌中的独立分支。过去，由于生存环境的特殊性，畲族人民耕种的土地均在山高路远的偏僻所在，生产效率极低，完全依赖终日作业于田野山岭来维持生计，并且男女共同劳作，没有"男子事于外，女子事于内"的严格差别，所以，畲族人民简朴耐劳，少有慵惰浮夸之态，保存着古代中原人的风气。这些都与畲族山歌的产生有一定的联系。

　　山歌之所以在畲族风行几千年，大约有如下几种原因。

　　第一，山歌，顾名思义，应该是发源于山间。畲族人民几千年的迁徙都辗转于山区地带，在那一段生活极其贫乏的岁月，人的情感压抑可想而知，一旦走到山上或原野山谷中，心花怒放地放开嗓子唱几首歌来发泄自己的感情也是理所当然。

第二，畲民生活在大山之中，妇女与男子同样担负山间的各种劳作，在长期的山间工作中，无论是为了打发疲惫与乏味枯燥抑或是男女之间互相倾诉衷情，山歌都是一种富有情趣而含蓄的表达方式，也许比一般语言更能表情达意。

第三，唱山歌是一种不受场地环境限制的大众化娱乐，所以一般男女对它都有共同的喜爱。

山歌是畲族传统文化的重要组成部分。畲民常常以歌代言，沟通感情；以歌论事，扬善惩恶；以歌传知，比睿斗智；以歌抒情，谈婚论嫁。不仅逢年过节唱，且在生产劳动、招待客人、闲暇休息、谈情说爱时唱，甚至在婚嫁与丧葬时，也以歌当笑，以歌代哭，传递感情，倾吐衷肠。

山歌多以七言为一句（也有少数首句为三个字或五个字的），四句为一段（畲族人将一段称为"一条"），陈述同一主题的一段或数段甚至几十段歌词为一连，百条以上的称"长连歌"。畲族山歌讲究押韵，一般在第一、二、四句的尾字押韵，而且一定要押畲语的平声，第三句的尾字要用仄声。

畲族山歌很少伴有动作和器乐演奏，按形式分可分为独唱、对唱和齐唱，按题材分可分为叙事歌、风俗歌、劳动歌、情歌、时令歌、革命山歌、儿歌、杂歌等。此外，还有《土改歌》《分田歌》《三中全会政策好》《改革开放富畲民》等反映时代变迁、歌颂党和社会主义的新歌。景宁现留存手抄歌本三千多册，山歌二万余首。

《八仙过海》是一首著名的畲族叙事歌。

钟离骑龙会上天，手拿白扇人睇见，

倚分太白营盘内，飞沙走石飞过山。

飞沙走石过山头，洞宾大吓倚云头，

谁人打过天门阵，睇见就是师父头。

铁拐脚下骑麒麟，手拿铁杖本事人，

五更起早环天下，回转家堂你不信。

你今便问亲仔音，明日起早山前寻，

孩儿回去答你话，我环天下你不信。

洞宾骑牛会上天，乃因心忖会下凡，

下凡戏尽良家女，手拿宝剑杀身边。

手拿宝剑扎在身，佢[1]是仙骨不是人，

今下乃是云头现，不会落凡结为亲。

仙姑脚下骑鹿精，手拿捞箄直千金，

何家宰相养个女，八仙度佢上天庭。

---

[1] 佢：方言，第三人称代词。

畲族山歌手抄本（蓝余根提供）

仙姑骑云云头过，手拿捞笠真本事，

手拿捞笠捞东海，东海捞干分人过。

国舅骑狮上天庭，手拿檀板对琴音，

迎客（县非遗中心提供）

又弹麒麟对狮子，今下凡人学没[1]真。

凡间乃会学得来，大吹过了吹小吹，

回男嫁女做喜事，有缘成双结头对。

果老骑驴会上天，拿起竹筒手上弹，

弹你恶人心会善，弹你善人心会欢。

果老骑驴云头过，咒语念去起云露，

---

[1] 没：不。

瑶池内里办酒礼，八仙吃酒练功夫。

湘子骑风会吹箫，吹落凡间人心焦，

百万雄兵都吹散，霸王想起毛计较。

当初湘子快乐仙，作出诗歌几万千，

百万诗歌手上造，后来上天去做仙。

采和脚下骑蛤蟆，手拿花篮去采花，

手拿花篮采花束，采枝花束笑哈哈。

采花就是蓝采和，手拿花篮云头过，

放去装水水会滴，放去装沙沙会铺。

畲族山歌的歌词普遍通俗易懂且风趣幽默。畲族只有语言而无文字，常借用汉字记录山歌歌词。在那些遥远的年月里，畲民没有受文化教育的机会，就把学歌唱歌作为一种重要的文化生活。所以，20世纪60年代以前，民歌普及率较高，常以歌代言、以歌论事、以歌传智，形成一套上山劳动、接待来客、婚丧喜事的对歌习俗。

畲族山歌中，风俗歌是一大类，可细分为礼仪类、婚俗类、丧俗类，别具一格。

礼仪类山歌的男女对歌，开始必唱《起头歌》，如《烧茶歌》《泡茶歌》《敬茶歌》，对唱到半夜吃点心，唱点心歌，结束时唱

《分别歌》。一唱一和，热情谦逊，礼貌相待。如《起头歌》中，男唱"听娘讲哩郎村来，兄弟商量好几回，兄弟商量修大路，修条大路等娘来"，女回"今晡娘女郎村来，可惜没歌与郎对，娘女从小未学歌，好劝郎子等下回"。《敬茶歌》中，男唱"茶壶烧水汽望上，茶米也是少郎放，是郎亲手泡娘食，人情结在碗当中"，女答"桶盆端茶两相见，食了郎茶心里甜，双手盆中接来食，没好歌言中郎听"。结束时唱《多谢歌》，如甲唱"多谢娘哦路遥远，几多歌源都唱透，千感万谢郎回转，郎今回转娘莫愁"，乙唱"多谢哩，感谢郎，感谢郎子转回乡，千言万语一句话，你今回转莫念娘"。《多谢歌》表现出了离别时依依不舍的真挚情感。

婚俗类的山歌很多，从娶方送礼担给嫁方直到新娘红轿出门的全套礼仪过程中，几乎都以歌代言，其中的《借镬歌》《撬蚧歌》都折射出畲族争强好胜、欢快风趣的民族个性。

在此抄录一首男女对唱的情歌，供大家品味。

男：白云山下是妹村，来到妹村到处问，

妹村风景真美好，不舍心肝回家门。

女：白云山下妹家乡，竹笋成林长满山，

空气清清风景好，六月清清水又凉。

男：初次来到白云山，竹笋成林长满山，

高山山头出美女，迷倒哥心在青山。

女：几座瓦房在青山，心想读书好困难，

家中没钱交学费，书堂又隔九重山。

男：一层山贝一层人，十个行来九有情，

不嫌阿妹没文化，哥要阿妹善良心。

女：几座瓦房在青山，要行山路十八弯，

有钱也没东西买，无家阿哥看得上。

男：一层山贝一层人，山里阿妹真有情，

采茶回来就煮饭，真正会牵阿哥心。

女：单座瓦房在青山，水流鸟叫声音响，

如能和哥来相伴，胜过神仙一般般。

男：阿哥来到妹山村，一半机遇一半缘，

哥若有情妹有义，月老牵线得姻缘。

女：白云山下是妹村，山高路陡少人问，

寂寞孤单没人讲，阿妹个个很单纯。

男：单座土房在青山，有哥陪你不孤独，

只怕和妹无缘分，有缘不怕隔青山。

女：一层山贝一层人，口口多说郎有情，

画龙画虎骨难画，知人知面难知心。

男：好人真正不好做，没知郎心来讲郎，

做人也无千日好，做花也无百日红。

女：山里阿妹真有情，一层山贝一层人，

　　别嫌阿妹没文化，哥要日久见妹心。

男：一边走路要边站，无心走路多因你，

　　不知妹带什么药，几多哥心被妹迷。

女：杜鹃开花长满山，今天带哥上山看，

　　以后阿哥回家去，记得阿妹在青山。

男：杜鹃开花满山红，哥若上山心里想，

　　如会和妹一行起，上京当官哥无想。

女：高山石壁起云雾，云雾遮来黑乎乎，

　　一夜难等天到亮，一天这长也难过。

男：有心打石石会开，有心等郎郎会来，

　　和妹隔山路遥远，郎变黄鸟飞过来。

女：葡萄沟下好乘凉，和哥一起山歌唱，

　　哥摘葡萄给妹吃，真像回到从前样。

男：水流葡萄沟下滴，无缘碰上也无依，

　　妹好乃留哥脚步，要妹心好留哥心。

女：郎话讲假没讲真，阿哥真正会骗人，

　　今天骗妹由得可，阿哥骗去多少人。

男：假有假真有真哦，黄铜也会假黄金，

　　　　知心朋友要合好，陌生朋友要小心。

女：高岩石下少人过，和哥碰上是今天，

　　　妹比一束红花树，哥若不采没功夫。

男：月出半天照过桥，妹拿花束风吹摇，

　　　妹拿花束没哥份，莫说阿哥没计妙。

女：哥心黑，哥心火炭无那黑，

　　　以前没吹还有火，现在越吹火越灭。

男：郎心黑，也没火炭那么黑，

　　　以前也有留火种，妹连火种多灭掉。

女：阿哥真正会花心，交过一人又一人，

　　　嘴讲好听糖成蜜，害妹日夜多想你。

男：是真是，千万别说哥的事，

　　　树木没皮不成树，人没名声不成人。

　　　有钱阿哥妹别贪，忠官贪财会变奸，

　　　几多生人交不熟，熟人越交越陌生。

女：阿妹真真不贪财，钱财也是人赚来，

　　　高山石壁年年在，担心全担烧无灰。

男：挑一挡哦换一肩，无力挑挡步难移，

　　　人说阿妹人心好，也没帮郎挑一肩。

女：挑一挡哦换一肩，无力别挑重担行，

　　要靠自己有长力，帮郎一肩乃一肩。

　　从男女青年的恋爱对歌中，畲族浪漫、谦虚、乐观、向善、忠勇、正义的民族个性，清晰可见。

　　不少畲族人能即兴编唱山歌，有的歌手能对唱一两夜而不重复，唱时用夹有哩、罗、啊、依、勒等音的假声，平时学歌不夹假音的唱法叫"平唱"。上山劳动，一个人时就以山歌排遣寂寞，远处有人听到，若恰好是年龄相仿的异性，就往往接唱以传达感情，许多青年男女借此寻求爱情。因为山上常有人对歌，所以有人称景宁畲乡是歌的海洋，畲歌也就自然而然地被称为山歌。

　　可见，婚嫁仪式上的山歌对唱并不是在婚嫁迎娶时才开唱的，而是谈婚论嫁的恋爱全程中一路唱来，一直唱到婚礼上，甚至唱满幸福的一生。所以唱山歌是畲族男女青年谈情说爱的最重要的表达方式，也是最主要的传情途径。

　　正因为畲族男女青年从萌生爱恋到结为夫妻都与山歌紧紧联系在一起，所以大家常说畲族男女"以歌为媒"。

　　每逢六月六、七月七、八月十五、九月九、农历四月的分龙节等节日，畲族人民欢聚在一起盘歌，漫山遍野都是三五成群对歌的青年男女，他们以盘歌寻求知音。如小伙子看上姑娘时先唱："山歌唱来不会差，句句唱来劝妹呀，唱得水里见石子，唱得溪流水没哎。"姑娘若对小伙子有意，就会对唱："要唱山歌两人来，家门搭起山歌台，哥若有心与妹对，妹今细茶冲将来。"如果姑娘不同意，就会唱："阿哥唱歌难高音，句句阿妹听不清，畲山自有听歌人，望哥早早寻知心。"有时是小伙主动，更多的情况却是姑娘首先发问。

畲族婚礼中有一个有趣的环节，结婚那天新郎要到女家迎亲，

大型盘歌会

大型盘歌会

女家拿酒饭殷勤招待，但开始时桌子上空无一物，大家静静地等待着新郎唱山歌，想要什么唱什么，想吃什么唱什么，要筷子唱《筷子歌》，要酒则唱《酒歌》。新郎唱一首，厨师和一首，一唱一和，新郎所要的东西就应声而来，摆满一桌。吃完饭，新郎又得一首一首地唱，把桌子上的东西一件一件地唱回去，厨师也唱着歌一样一样来收席。这种习俗叫"调新郎"，又叫"答歌"。

　　畲族是个历史悠久、文化灿烂的民族，拥有独特的民俗风情，而畲族婚俗礼仪是不折不扣的民俗风情重头戏。畲族人民与汉族人民交错杂居，其经济、政治和文化生活都有着密切的联系，但畲族的传统文化、生活习俗和宗教信仰仍显示着本民族的个性特点，特别是传统的畲族婚俗礼仪，更具有独特的民族性、现实性和历史性。故而，畲族人民时刻牢记自己属于这一民族并为此而自豪，这种共同心理和族群意识是基于他们对共同祖先或者传统的理解，是通过长期艰苦卓绝的生产斗争和相依为命的生活磨炼而形成，更是源于畲民对畲族婚俗、畲族民歌等传统民俗千百年的坚守和传承，也正是这些不同的民俗构成了中华民族博大精深的灿烂文化。因此，畲族婚俗不仅是畲族文化元素多种多样的证明，更是华夏民族共同的财富，共同的骄傲。

[贰] 景宁畲族婚俗的文化价值

畲族婚俗的内涵十分丰富，有着极其厚重的文化价值。

一、历史文化的"活化石"

迁徙到景宁山区居住的畲族人，大多以"大分散、小聚居"的形式分布在交通闭塞的山区，他们与外界和外族交往相对较少，因此能较长时期地保留本民族的婚姻习俗，许多习俗活动带有浓厚的神话色彩、深厚的本民族思想内涵和地域性文化特色，具有较完整的历史价值，因而是畲族同胞了解学习本民族发展历史及畲族文化的重要手段和载体。

二、生活文化的"活见证"

畲族婚俗整个过程中的各个环节，特别是拦路、借镬、敬酒、对歌等，综合体现了畲族传统文化的方方面面，头饰、服饰、嫁妆、酒宴器皿和食物、对歌等都承载着畲族传统文化，特别是畲族民歌贯穿于始终，含有丰富的畲族歌言素材，从中可以窥见畲族的传统习俗、人生礼仪及历史，具有一定的文化价值。

三、科学研究的"活材料"

畲族婚俗呈现的先祖崇拜、伦理道德、民间习俗等是多元化文化混合交融的结果，对畲族婚俗的发生背景、发展规律、传承方式等的研究以及对我国人类学、民俗学、民族学研究都有帮助。

畲族婚俗所展现出来的民族民俗风情、对歌形式、服饰装饰等都具有较高的美学、哲学、民俗学、民族学研究价值。

畲族婚俗保留的浓郁的民族和地方文化特色，对研究畲族民族历史、生活文化、社会结构、道德价值观念和民族伦理观念具有重要价值。

四、畲族婚俗的传承与保护

现代文化教育普及，观念更新，不断影响畲族人民的生活，从而加速畲族婚俗的瓦解与散失。如今的盘歌活动越来越少，畲族婚俗也正逐渐淡出人们的视野。景宁县通过各项措施推进传统畲族婚俗在日常生活中的普及，为畲族婚俗在当代社会的传承发展创造良好的生存环境，同时带动当地非遗项目蓬勃发展。

四、畲族婚俗的传承与保护

[壹] 传承状况

畲族婚俗的传承属于群体性传承，目前，景宁县不仅有畲族婚俗代表性传承人，也有畲族婚俗礼仪中重要内容的代表性传承人。

一、蓝余根

蓝余根，男，1939 年 5 月 23 日出生，畲族，浙江省景宁畲族自治县鹤溪街道东弄村人，2018 年，被公布为第五批国家级非物质文化遗产项目畲族婚俗代表性传承人。蓝余根出生在做赤郎、传师学师和做功德的传统世家，因此，他从小受到畲族婚俗仪式的熏陶，对畲族婚俗的完整过程耳濡目染。受家族的影响，蓝余根十几岁便开始学习当赤郎、唱山歌和跳畲族舞蹈，还能吹龙角和即兴编唱畲族民歌。蓝余根年轻时，村里的红白喜事场场参加，外村的红白喜事也是有请必到。"文化大革命"期间，畲族民歌、舞蹈被作为"四旧"打入冷宫，但蓝余根白天不做，夜里照常，在他的带领下，当时东弄村就有十多人跟着他学。其子蓝光进也是村中稍有名气的歌手。

蓝余根借镬时唱山歌

　　蓝余根认为，畲族婚俗是畲族的特殊风俗，畲族通过畲族婚俗中的对歌与礼仪来纪念和歌颂始祖的丰功伟绩，以达到教育后人、尊敬祖先、孝敬父母的目的，为增强民族凝聚力和民族自尊心做出贡献。

　　中央电视台中文国际频道、中央电视台科教频道以及省、市、县级的多家新闻媒体采录过蓝余根的歌舞表演。1994年日本福井考察团赴景宁时，特地观看了蓝余根参与的歌舞表演，并邀请畲族歌舞到日本交流演出。中国畲乡·景宁三月三活动、景宁县庆20周年暨第二届中国畲乡风情节等活动的宣传资料都印发了蓝余根吹龙角的图案。2004年9月，蓝余根受平阳县民族宗教局邀请，参加青街畲族乡成立20周年暨畲族民俗风情节演出。2004年10月，中国邮政发行了蓝余根吹龙角的邮票一枚。

如今，蓝余根虽已年近七旬，但仍身体健康，经常到旅游景点和兄弟县市进行演出。他经常参加畲族三月三大型活动和文化遗产日活动，带徒百余人，为畲族婚俗的保护和传承积极做贡献。

鹤溪街道东弄村的赤郎拥有完整的传承谱系。

第一代：蓝徐金，1878年2月生，1927年4月去世。

第二代：蓝叶茂，1900年1月生，蓝徐金之子，1973年5月去世。

第三代：蓝余根，1939年5月生，蓝叶茂之子，现为畲族婚俗国家级代表性传承人。

第四代：蓝光元，1947年生，蓝余根之徒，畲族民歌县级代表性传承人；蓝光进，1957年10月生，蓝余根之子。

第五代：蓝启方，1971年8月生，蓝光元之子。

蓝余根决心继续努力，将畲族婚俗的礼仪发扬光大，为继承和发展畲族文化做出应有的努力。

二、蓝陈启

蓝陈启，女，畲族，1938年1月10日出生，浙江省景宁畲族自治县鹤溪街道双后岗村人，国家级非物质文化遗产项目畲族民歌代表性传承人。蓝陈启从八九岁起就跟母亲学唱山歌，奶奶也是远近闻名的山歌手，慢慢地，随着年龄增长，她也成了当地远近闻名的女歌手。

1993年，蓝陈启应邀去日本参加在福井市举办的环太平洋民间艺术祭（节），和艺术团成员一起到福井、敦贺、大阪等地巡演，演出内容以畲族民歌（男女对唱）和畲族民间工艺（畲族彩带编织）为主。面对完全陌生的人和环境，她始终把畲族山歌唱得有板有眼，发挥得淋漓尽致，演出非常成功，真正把畲歌唱到了国外。

蓝陈启从日本归来后，开始带领徒弟和村里的人学唱山歌，还编排畲族婚俗表演，让外来的游客体验畲族风情。畲族婚俗的表演就放在蓝陈启家里，她的儿子、女儿、儿媳全都上场，拦路、借镬、杀鸡、劝酒、对歌等一系列的节目编排忙得她不亦乐乎。此外，她还客串扮演男方母亲，儿子也经常当新郎，每年得当上几百回"婆婆"，接回几百个"新媳妇"。1999年，全村共接待来客万余人，仅旅游一项收入就逾十万元，大大改善了村民的生活。此后，更多来客到畲乡聆听畲族山歌，了解畲族风情，体验畲族

蓝陈启在民族学校传授畲歌

研究公演
中国少数民族の歌と踊り

蓝陈启（一排左三）参加日本福井市举办的环太平洋民间艺术祭（节）活动（蓝陈启提供）

的婚俗礼仪。

　　双后岗畲族村被列为省双文明村后迎来了许多游客，历任省委书记都到蓝陈启家看望过她，习近平总书记也专程到村里看望过蓝陈启。那天，阳光明媚，时任中共浙江省委书记的习近平来到蓝陈启家，拉着她的手问长问短，还很认真地听她唱山歌，听完后对她说："阿姨，你唱歌唱得真好，我的爱人也是唱歌的，她叫彭丽媛。你可要好好把畲歌传唱下去。"后来，在参加省文化厅非遗处举行的习近平同志在浙江的重要讲话精神学习座谈会上，蓝陈启还专门编了两首歌来表达她内心的激动。第一首是："党的政策真英明，中国出了个习近平，来到畲乡来我家，我看到照片想书记。"第二首是："习总书记来我家，带来关怀带来爱，我要牢记主席话，带领畲民共致富。"听了这两首畲歌后，现场的掌声久久不息。

蓝陈启牢记总书记的叮嘱，决心把畲歌好好传唱下去。她招收了大量的徒弟，年龄在 10 岁至 60 岁之间，组建了畲乡最早的畲歌队。每年的畲族三月三、非遗展演和县里的重大活动，她都会带着徒弟们去参加。她也经常到学校、单位、军营等地教唱畲族民歌。她被民族小学、民族中学聘为畲族民歌老师，到学校去给同学们上课，每周一节大课，很多个班级的热爱畲歌的学生一起上，气氛非常好，受到老师和同学们的好评。

为了更好地宣传消防，蓝陈启自编了山歌，担任景宁老年夕阳红消防志愿者服务队队长，从起初用吹拉弹唱吸引群众来学习消防知识，到后来把消防知识融入表演当中，先后创作了十余首消防山歌。这些本土的优秀作品让群众更容易接受，受到一致好评。

蓝陈启还担任景宁畲乡禁毒形象大使。为了做好禁毒的宣传，她专门编了山歌："碰到毒品会上瘾，害到小孩害家庭，千万不要碰毒品，害了生命害了国。"用山歌的形式宣传禁毒，效果特别好。

2013年12月和2015年12月，蓝陈启两次参加"非遗之光"浙江省非物质文化遗产电视春节晚会。在晚会上，她作为畲族的代表唱响了畲族民歌，把畲族人民心中美好的愿望在浙江春晚上淋漓尽致地表现出来。

在保护与传承畲族民歌的道路上，蓝陈启取得了丰硕的成果。2001年10月，参加"浙江省暨杭州市首届老年文化艺术周"活动，获彩带编织才艺表演制作奖。2006年，被评为"浙江省民族民间艺术家"。2008年，获"畲族歌王"称号；同年，被认定为浙江省非物质文化遗产代表性传承人。2009年，被认定为国家级非物质文化遗产项目畲族民歌代表性传承人；同年，被授予首批"浙江省优秀民间文艺人才"称号。2010年，荣获浙江省非物质文化遗产保护"十大新闻人物"荣誉称号。2011年，参加由浙江省公安厅、省综合治理委员会办公室和新华通讯社浙江分社联合主办的省"十佳热心消防志愿者"评选活动，成为丽水唯一一位获此殊荣的参选者。2012年，当选为丽水市首届"十大优秀非遗传承人"。2015年，光荣地当选为浙江省"禁毒大使"，是丽水市唯一的代表。2017年，被授予浙江省传统音乐传承特别贡献奖。《中国文化报》《浙江日报》《文化月刊》《浙江老年报》《丽水日报》《畲

蓝延兰在畲族婚礼现场对歌

乡报》及各级电视台等多家新闻媒体都报道过蓝陈启的事迹。她为畲族民歌和畲族婚俗的保护和传承做出了特殊的贡献。

三、蓝延兰

蓝延兰，女，畲族，1968 年 8 月出生，浙江省景宁畲族自治县鹤溪街道东弄村新村人，省级非物质文化遗产项目畲族彩带编织技艺代表性传承人。蓝延兰的外婆是清末有名的彩带编织艺人，

蓝延兰在村口编织彩带（蓝延兰提供）

叫蓝龙银，蓝延兰从小跟外婆学彩带编织，是畲族彩带编织技艺的第四代传人。

织彩带的工艺虽然很独特，但只需简单的织带架，甚至三根长约 20 厘米、直径 5 厘米左右的圆竹竿即可进行编织。其实最初并没有织带架，织带人常常牵好经线提好棕，将彩带的一头挂在门环、柱子、篱笆和树枝上，另一头拴在自己的腰身上，上山放牛或农活休息时也不忘织带。蓝延兰特别喜欢在村口大树下边唱山歌边织彩带，觉得这样做特别有意思。

古时，畲族彩带有一层特殊的含义，常常被当作畲族女孩送给情郎的定情物。畲族姑娘在看中了哪个男孩后会悄悄地编织自己最拿手的彩带，相亲时若喜欢对方，便会送一条亲手编织的彩带。因此，在畲族情歌中有专门的《带子歌》，其中一首是："蝴蝶成双翅膀翘，彩带一条束郎腰，太短娘女接上织，太长连娘一起绕。"这条彩带就叫"定亲带"。作为一名畲家女孩，蓝延兰与丈夫定亲时也亲手为丈夫编织了一条彩带，她的丈夫保留到现在，一直当作宝贝收藏着。

1984 年，蓝延兰编织了"浙江景宁畲族自治县"等汉字织纹，纪念景宁畲族自治县成立。1997 年，编织出带有"庆贺香港回归"字样的彩带，记录下国家的大事。1999 年 11 月，参加在温州举行的'99 浙江中国民间艺术展，悉心编织的畲族彩带作品《皇帝朝纪》获得特别金奖。2005 年，在浙江省民族民间工艺美术博览会上荣获收藏保护奖。2011 年，作品《彩带王》参加省文化厅举办的浙江省"民间巧女"手工技艺大赛，获金奖。2014 年，参加在桐乡举办的"中国梦想·美丽浙江"浙江省非遗传统手工艺主题创作精品大展，获优秀奖。2015 年，畲族三月三节庆活动举办畲族彩带技艺大比武，被聘为畲族彩带编织专家评委。2015 年 10 月，畲族彩带作品《56 个民族》获得第七届中国（浙江）非物质文化遗产博览会银奖。2015 年 12 月，参加"非遗之光"浙江省非遗电视春晚。

2017 年 3 月，蓝延兰应中央电视台《我有传家宝》栏目的邀请，与央视著名主持人同台，让畲族的彩带编织技艺在全国电视观众面前亮相。蓝延兰现场展示了精湛的技艺，还把在家里编织的彩带拿给大家看。那是一条把彩带工艺与汉字相结合的字带，带上织了"风调雨顺、国泰民安、皇帝朝纪、宋元明清、顺治康熙、雍正乾隆、嘉庆道光、咸丰同治、光绪宣统、福禄寿喜、龙飞凤舞、荣华富贵、金玉满堂"2 遍共 104 个字，中间还织了 50 多个原始畲族寓意织纹，引起大家的赞叹。30 分钟的节目分上下集，在中央电视台首播时引起轰动，蓝延兰自豪地介绍了畲族文化和畲族彩带的定情寓意。

蓝延兰是彩带编织能手，更是村里的带头人。每个到畲乡来旅游的游客几乎都会慕名去到畲族彩带馆，体验畲族彩带的编织技艺，了解其含义，感受原汁原味的畲族农耕生活。

在蓝延兰的传承下，畲族彩带走出畲乡，飘向世界。来自日本、韩国、美国等国家的客人纷纷慕名来到她家购买彩带。有一位在东华大学就读的韩国籍学生金成喜曾五次上门求教编织彩带的技艺。日本学者池田一郎专程在她家学了三天，后来用日语写了一本编织彩带的书，把彩带文化带到了国外。《光明日报》《中国文化报》《中国特产报》《浙江日报》《浙江画报》《丽水日报》《畲乡报》等多家新闻媒体分别以《彩带传人》《畲族彩带飘四海》《畲族彩带》等为题，报道了蓝延兰织彩带的事迹。

政府对畲族彩带编织技艺很重视，多次把畲族彩带作为民族工艺品赠送给外国贵宾，同时，蓝延兰也被确定为浙江省首批"优秀民间文艺人才"，成为景宁县小有名气的人物。中共十二大、十四大、十七大召开之际，她都编织彩带请畲乡代表捎到北京。2018 年 3 月，她编织的彩带被县长钟海燕带到北京，献给李克强总理，带去畲民对党的感谢和忠诚，对幸福生活的向往和期盼。为了展现畲族风情，她编织的彩带已经被用作畲族服装的花边而广泛应用。她希望能有越来越多的人来学彩带编织，把畲族彩带编织技艺完整地传承下去。

四、蓝仙兰

蓝仙兰，女，1963 年出生，浙江省景宁畲族自治县鹤溪街道东弄村新村人，畲族三月三省级代表性传承人。

蓝仙兰的母亲雷新彩是当地有名的山歌手，邻里乡亲有办喜事的都会来请她母亲去当赤娘，那时起，蓝仙兰便时常有机会跟在母亲身边听她唱歌。在母亲的启蒙和影响下，蓝仙兰 6 岁开始学当赤娘，学唱畲族山歌，编织畲族彩带。

在畲家，赤娘是要跟赤郎彻夜对山歌的。蓝仙兰的母亲虽然没有读过一天的书，连自己的名字也不认识，但编唱山歌却非常厉害，出口便是歌，常常把对面的几个赤郎对得半天回不出歌来，在场的人都称赞蓝仙兰的母亲歌唱得好，对得也好。那时的蓝仙兰便把母亲当成了自己学习的榜样，希望自己有朝一日也能成为像母亲一样厉害的赤娘。她觉得那是一件非常了不起的事情，值得她用一生去努力。

蓝仙兰记得，母亲教的第一首山歌是这样唱的："细崽细细在一起，树儿小小会成林，衫儿有长也有短，水渠有浅也有深。"母亲不仅教她如何唱山歌，更教她如何做人。靠着天生的好嗓子和超强的记忆力，不到 20 岁的蓝仙兰就学会了几乎所有场合的山歌。最让她骄傲的是，在 20 岁那年，村里刚好有户人家嫁女儿，请她当了赤娘。当上赤娘就表示乡亲们认可了她，这是一件非常

蓝仙兰在畲族婚礼现场充当赤娘

风光的事。从此，蓝仙兰的生活便跟畲族山歌紧紧地联系在了
一起。

2000 年 8 月，大均 AAAA 级景区畲乡之窗的负责人找到了蓝
仙兰，聘请她负责大均旅游风景区原生态畲族山歌的表演及对外

宣传等工作。蓝仙兰非常喜欢这份工作，一做就是十四个年头，因为这份工作不仅能向各地的朋友展示畲族文化和习俗特点，更重要的是让蓝仙兰能把畲族原生态山歌唱给更多的人听，让更多的人了解畲族山歌。

让蓝仙兰感到骄傲的是，她得到了上级领导的赏识，应邀多次参加县里的重要接待工作以及各种文化宣传、展演活动，参与策划了多场畲族文化活动并摘得"畲乡歌王"的桂冠，为获奖电影《十七》录制了整部电影的主题曲及背景音乐，还为多家媒体录制节目。中央电视台综合频道，中国国际广播电台，天津、杭州等地的电视台及本市县电视、电台、报纸、政府门户网站等媒体都相继报道过她的这些事迹。

一路歌来，蓝仙兰已年过半百，歌唱历程已有四十多年，也已具备了一定的山歌传统文化基础。随着时代的变化，她在传统畲歌唱法的基础上创编了以民族传统融合现代流行的新式唱法，并为各类文化活动构写多首贴近时代的歌曲，在畲歌的创作及演唱上都有了创新性突破，深受研究畲歌的朋友们的喜爱和肯定。

曾经是那样热烈、辉煌、灿烂的畲家歌风、歌规、歌俗，在当今遇到了现代文明的猛烈冲击。现在的畲乡已经不像20世纪五六十年代时那样随处可见穿着民族服装的畲家少女，畲乡的山野歌声也少了。上学的畲家青少年很多都不会讲本民族的语言，更别说会唱畲族山歌了。作为非物质文化遗产代表性传承人，蓝仙兰心里暗暗着急，她觉得自己肩负着历史赋予的使命，应该努力将本民族的文化、原生态的畲族山歌以各种方式传承下去。她不仅将外甥女蓝佳妮当传人培养，还先后到张春小学、民族小学、大均小学等学校教孩子们唱山歌，让孩子们从小了解畲族本民族的文化，热爱自己的民族，讲自己民族的语言，唱自己的山歌，让他们增强民族文化自信心和自豪感。她积极采取帮、传、带、唱的办法，在本村发掘并培养了一批热爱畲族山歌的兄弟姐妹，成立了东弄村文化艺术团。可喜的是，由他们自行组织和编排的《农耕》《彩带情思》《婚嫁》《茶娘采春》等节目屡次在各种比赛中取得奖项。

2014 年 10 月，她成立蓝仙兰畲语畲歌工作室，为喜爱畲族文化，想学畲语、畲歌的朋友们提供学习的平台。蓝仙兰一家 4 代同堂的 7 口人，上至 77 岁的老母亲，下至 9 岁的外甥女，都会唱山歌。她衷心地希望有更多年轻人能加入唱山歌的队伍中来，让畲族山歌代代相传。

五、蓝聪美

蓝聪美，女，1971 年 5 月出生，浙江省景宁畲族自治县鹤溪街道东弄村人，畲族民歌省级代表性传承人。

蓝聪美出生在一个畲歌传唱世家，爷爷、奶奶、爸爸、妈妈

蓝聪美在畲族婚礼现场帮忙办嫁妆

都是唱山歌的能手。耳濡目染，口口相传，她从小被熏陶，喜欢山歌，迷恋山歌，自然而然地就开始学习唱山歌了。

　　蓝聪美的奶奶蓝细仁已经90多岁了，在村中唱山歌还很有名。每逢村中的红白喜事，大家都喜欢邀请她去唱山歌，村子里总能听到她美妙的歌声，她还参加每年三月三的盘歌会、民歌节。小时候，蓝聪美总是跟在奶奶的后面，有模有样地学着唱山歌，奶奶唱一句，她就跟一句，可以说，她的童年岁月有很多时间就是在山歌里度过的。

除了奶奶外，蓝聪美还会跟着她伯伯学习唱山歌。她伯伯蓝光元已经70多岁了，小学文化，是村里有名的赤郎。小时候家里很穷，蓝聪美就住在伯伯家，大伯大妈一有空就会唱山歌，干家务时唱，上山劳作时唱，休息时也唱。在蓝聪美八九岁的时候，每当村里有人家嫁女娶媳，邀请她伯伯前去当赤郎，她就跟着去，轻轻地跟着学唱。伯伯用毛笔抄了整整七八本山歌，内容有《度亲歌》《念娘歌》《生肖歌》《时辰歌》等。有了歌本，蓝聪美天天学，时时念，一来二去，许多歌词就能一字不差地背下来。她姑婆结婚那年热闹的对歌场景至今令她记忆犹新，赤郎、赤娘排排坐，一唱就是到天亮。也就是从那个时候起，蓝聪美对畲族山歌真正爱到骨髓里去了。

　　都说栽什么树苗结什么果，撒什么种子开什么花。畲族山歌的众多歌手都是在这样的家庭氛围中熏陶感染着，不爱唱畲族山歌都不可能。奶奶、妈妈从小对蓝聪美疼爱有加，还没上小学，她们就教她唱《公鸡啼唱》等儿童歌谣。在张村读小学时，她多次参加县里举办的文艺会演，内容基本上都是畲歌民歌合唱、独唱。她的歌声初露头角，深得老师、同学的喜爱。后来，由于家庭原因，她小学没毕业就辍学在家，参加生产队里的劳动，分担家务。每逢雨雪天清闲日子，她就同姐妹们一起，边学织彩带，边学唱畲族山歌。

如今，蓝聪美已经习惯在忙农事和家务的时候也口不离曲，哼唱不停。村里、镇里或是县里一有演出活动，即使再忙，她也会放下自己的事，全身心投入演出。每年农历三月三是采茶的好季节，清明前后的采茶工钱挺高，但为了演出，为了能唱山歌，为了弘扬畲族文化，蓝聪美和村里的姐妹们都毫不犹豫地选择参加排练和演出。

蓝聪美参加每年的文化遗产日系列活动，取得了许多荣誉。2011年，参加文成县西坑镇文化交流演出。2013年，参加"民族花开·绚丽盛夏"民族之花文艺轻骑队走进丽水景宁暨北仑区新碶街道第四届文化艺术节系列活动。2012年，参加东弄村推选的《彩带情诗》节目，获得县"交通运输杯"凤舞畲山大舞台总决赛金奖。2014年，她的一曲《农耕》获县"大地飞歌"农民文化艺术节草根达人秀大赛金奖，《功德舞》获丽水市第五届乡村文化艺术节一等奖。2017年，参加"非遗薪传"——浙江传统音乐展演展评，获薪传奖。

随着不断的学和练，蓝聪美的演唱技巧不断提高，她把畲族歌曲和畲族舞蹈有机结合起来，自编自导自演，先后编唱了《敬酒歌》《敬茶歌》《迎客歌》和《劳动歌》等二十余首畲族民歌，能即席即兴自编演出，平时还会指导畲族姐妹学唱山歌，学跳畲舞。蓝聪美希望通过继续努力，多唱多跳，传承畲族民歌独特的演唱技法，让畲族山歌在年轻一代传承弘扬下去。

[贰] 保护措施

　　畲族婚俗是畲民族人文历史的缩影，具有鲜明的民族特征和浓郁的乡土气息。近年来，景宁县委县政府高度重视全县非物质文化遗产保护工作，县非遗部门加大保护工作力度。2007 年 6 月，畲族婚俗入选第二批浙江省非物质文化遗产代表性项目名录。2014 年 11 月，畲族婚俗被国务院公布为第四批国家级非遗项目。

　　随着改革开放的不断向前推进，景宁畲族下山脱贫进程也在加快，原来居住于大山之中的畲民，从居住环境到生活方式、生活水平都有了巨大的变化，畲族婚俗的礼仪日趋汉族化，传统畲族婚俗在日常生活中日益少见。景宁县通过各项措施推进传统畲族婚俗在日常生活中的普及，为畲族婚俗在当代社会的传承发展创造良好的生存环境，同时带动当地非遗项目蓬勃发展，具体体现在以下几个方面。

　　第一，2010 年，景宁县利用立法优势，颁布实施《景宁畲族自治县民族民间文化保护条例》，共六章三十四条，分别从民族民间文化保护范围、管理与保护、认定与传承、研究与利用、奖励与处罚等方面，对景宁畲族自治县民族民间文化保护进行了全面系统的规定，使景宁畲族自治县的非物质文化遗产保护拥有了法律保障。

第二，2007 年，成立景宁县非物质文化遗产保护中心，在人员、编制、经费上独立，同时设立文化遗产科，建立保护工作队伍，健全保护工作机制，加强对县非物质文化遗产保护工作的管理和指导。

第三，近年来，景宁县重磅推出的大型畲族风情歌舞史诗剧《印象山哈》、大型畲族魔幻服饰秀《传奇凤凰装》、畲族题材音乐剧《畲娘》、畲族民俗电影《山哈女友》等，以各种各样的形式为载体，充分展现畲族婚俗、畲族民歌、畲族彩带、畲族服饰、畲族体育等，展示了畲族传统优秀文化与畲族人民的精神风貌。

第四，充分利用畲族传统节日三月三的活动平台和旅游景区展演畲族婚俗，让外来游客在欣赏畲族婚俗的同时了解畲族文化的独特魅力，扩大畲族文化的宣传力度。县非遗中心还极力抓住当代人举办畲族婚礼的机会，做好传统畲族婚俗的宣传保护工作。比如，2012 年景宁县鹤溪街道东弄村委主任蓝建平嫁女儿，得知此事，县非遗中心立即邀请本土畲族专业人士写出畲族婚俗剧本，与蓝建平联系，征得同意后，将他女儿出嫁的全过程进行了全方位拍摄记录，并将记录作为档案进行存储。同时还给予一定的经费补助，鼓励畲乡的百姓用传统畲族婚俗形式来举办婚礼。

第五，通过举办畲歌、畲语、畲舞等系列培训班、座谈会、研讨会，扩大畲族文化的影响力，让更多专家、学者参与到畲族文化的研究中来，从而提升畲民的民族自豪感和文化自信心。2014年，在浙江音乐学院举办政府官员、学院教授、非遗学者、社会专家等各界人士参与的畲歌畲舞研讨会，讨论了畲歌畲舞的多元传承与发展，为畲歌畲舞今后的保护与传承提供了思路与方法。2017年，在畲乡举办全县四十六个畲族村参与的以"歌从千寮来，情寄九州去"为主题的畲歌畲语座谈会，倡议每个畲族同胞上台表达对本民族的热爱，让每一个人都有登台出彩的机会。通过畲歌畲语比赛，一方面提高畲歌畲语在日常生活中的利用率，增强民族同胞唱歌交流的自信，另一方面，让畲乡多角度全方位展现畲族风情，提高畲乡魅力，为旅游事业增彩添色，为畲族婚俗、畲族民歌等的保护与传承提供载体和平台。

第六，制定畲族婚俗保护建议提纲，具体内容包括：建立畲族婚俗数据库，对畲族婚俗搜集的资料采用文字、录音、录像等方式进行数据化存储和分类保存；加强传承人保护力度，支持和资助年轻人回归传统，使畲族婚俗成为畲族年轻人认知和认同民族的重要路径和载体，加强宣传和研究，让更多畲族年轻人理解并参与到民族传统文化的传承和保护中来；在全县四十六个畲族村落中筛选几个重点村落作为畲族婚俗的传承基地，给予业务与经费的支持；出台试行奖励政策，鼓励更多的年轻人以畲族婚俗礼仪举办婚礼。

　　现如今，不仅仅是畲族，汉族也有越来越多的年轻人选择以传统畲族婚礼仪式来结婚。

附录

[壹] 香袋彩带定情物

畲族男女定亲之后，泼妮崽（姑娘）总喜欢用香袋和彩带作为定情物，听老人说还有一番缘故。

相传，很久以前，在广东潮州的凤凰山上，盘瓠死了，三公主按照盘瓠的吩咐，带着山哈，抱着报晓鸡，经福建逃到景宁毛垟附近的一座山岙时，报晓鸡啼了，三公主和山哈们就在附近的毛垟村歇了下来。那座大山岙，人们就叫它"鸡啼岙"。后来三公主上天了，就把凤冠和报晓鸡留给了雷四妹。

这只报晓鸡原是天上神仙转世，报时准确，没半点差错。天光一亮，它便出鸡笼去溪边寻食吃。每日，天上有一只黄蜂嗡嗡地飞来，飞到报晓鸡的耳朵边，将天上要发生的事情一五一十地告诉它。黄蜂一飞走，一只虾精从东海沿江溪而上，把海里将要发生的情况一一告诉报晓鸡。因而，报晓鸡上知天文、下知地理，中午一到便回到雷四妹寮里，将天上海里将要发生的事没半点差错地告诉雷四妹，由四妹转告山哈，人们就晓得啥时候会天晴，啥时候会下雨，啥时候可播种，啥时候可收割晒谷，掌握了气候，自然有收成。报晓鸡看着雷四妹这样勤劳苦耕，唱起山歌来甜又甜，待自己这样好，总想报这个恩。

有一天，报晓鸡回到寮里，朝雷四妹叩拜了三下，跪在地上不起来，眼睛也翻白了。四妹一看，赶快蹲下来问："报晓鸡，报晓鸡你有啥难处求我帮忙，你赶快说吧？"

"主人啊！生死由天，我要归终，你也帮不来了。"

雷四妹一听，眼泪流了下来，便问："你既然要归终，我怎样好呢？"

"主人，你不要难过。"

雷四妹边流眼泪边说："我怎能不难过呢？"

"主人，主人，我有一件事求你。"

"啥事情？你快说吧。"

"我在封金山的时候吃了千年的露水，尝过万种青草。我的肠被露水杂草染得花花的，鸡腹也染香了。我死后，你把我的肚子剖开，把肠取出来，就成为一条有七色花纹的彩带，把我的鸡腹取出来就变成一个袋子，唤作香袋。你年纪轻懂情义，当你定亲时，你把彩带和香袋作为定情物送给对方，彩带和香袋会保佑你两个白头到老。"话一说完，报晓鸡就死了。

雷四妹按照报晓鸡的吩咐，忍着心痛，剖开鸡肚，取出肠，这肠果然变成了七色花纹的彩带，鸡腹也变成了一个香袋。接着，

她把报晓鸡葬在寮后，烧了香纸，筑了坟，把彩带和香袋好好保存着。

时过一年，隔壁寮有个佛生崽（后生）由媒人带着来到雷四妹寮里说亲，三番五次，雷四妹动了心。之后，雷四妹把彩带和香袋送给了佛生崽，佛生崽挺乐意地接受了。

佛生崽和雷四妹结婚之后，夫妻两个有商有量，有情有义，勤劳苦耕，等到他俩白头到老的时候，许多泼妮崽觉得他两个有姻缘，便去问原因，得知四妹用香袋、彩带作为定情物，觉得有意思，寻出彩带和香袋看了个究竟，就学着做了。这样，就传下香袋和彩带作定情物的习俗，还有一首《彩带歌》：一条彩带斑又斑，丝线拦边自己织，送给郎哥缚身上，看到带子看到娘。

讲述人：蓝振诚

采录整理人：柳潭

1987年12月9日采录于畲族民间文学普查会，流传于景宁县。

［贰］踏路牛

从前，在一条石头路边，有一间屋，这座屋里住着一个光头的大恶霸。这个大恶霸的兄弟是大官，有权有势。大恶霸已有了七七四十九个老婆，依然贪色如命。每逢良辰吉日，大恶霸便带着一伙帮凶，让过第一个走这石头路的新娘，把第二个以后的新娘都抢到屋里侮辱，侮辱完了才把新娘放出来，弄得几多新郎新娘上吊投水，家破人亡。

有一年，附近某个寮里有个佛生崽，人很聪明。这个佛生崽要到另外一个寮里娶亲，要经过大恶霸所在的路口。凑不好，佛生崽请人挑选的时辰要在别的新娘之后，按照惯例，佛生崽的新娘一定会遭到大恶霸的侮辱。怎么办好呢？这个佛生崽便想了个办法，在一头凶猛的公牛的牛角上缚上红布，牛尾巴也扎着红布，由一个佛生崽先牵到丈母娘寮里。第二日，那个佛生崽牵着牛走在前面，后面跟着新娘。当大恶霸和帮凶拦路时，这头凶猛的牛便向大恶霸顶去，大恶霸和帮凶怕得远远逃开了。

隔山有个山哈看到了，觉得奇怪，便问："你牵的是啥牛？"

牵牛的佛生崽回答："踏路牛。"

隔山的山哈便说："踏路牛，踏路牛，踏出一条新路头。"就这样，畲乡慢慢地形成了踏路牛的风俗。每当几个新娘要同日同走一条路时，后面几个新娘的前边就有人牵着踏路牛，意为让牛走过的路是新的，也象征着新娘新郎新生活的开始。

讲述人：雷积云

采录整理人：柳潭

1987 年 3 月 4 日采录于鸬鹚乡鸬鹚村，流传于鸬鹚乡一带。

[叁] 娶亲和农具嫁妆

山哈的嫁妆和汉人不同，除了一只花柜外，山哈都是把锄头、镰刀、笠帽、蓑衣、犁等农具作为嫁妆，讲起原因，还有一番来历。

相传，很久以前，某山哈寮里有个非常聪明的佛生崽，他和隔壁寮一个非常生好（漂亮）的泼妮崽定了亲。佛生崽和泼妮崽情投意合，有商有量，阿爹阿娘看在眼里，喜在心田，决定择日让他两个结婚。泼妮崽的阿爹阿娘早早地把嫁妆油了漆。

古话说"好事多磨"，泼妮崽长得这样生好，早有人看了口水直流。一天天亮，泼妮崽上山去砍柴，边走边唱着山歌，走到三岔路口的时候，等在那儿的凶煞九莲星挡住了她，缠着她不放，泼妮崽心想："逃自然逃不出九莲星的手掌心，打自然也打不过，只好用计策去对付。"想来想去，她想起阿爹阿娘说过的话，九莲星是怕生人血的，便不管三七二十一，咬破一个手指乱挥。九莲星被血溅着，慌忙逃走，边逃边说："好汉不吃眼前亏，你红了我，我也让你家红。"九莲星到泼妮崽的寮里点火烧寮，等泼妮崽赶到，九莲星早已逃走了，阿爹阿娘也不在寮里。她拼命从火中抢出锄头、镰刀、笠帽、蓑衣、犁等农具，自己一套嫁妆被烧得只留下一只花柜。

阿爹阿娘从山里做活回来，一看寮和家什被烧了，非常生气，眼看泼妮崽出嫁的日子又要到了，做嫁妆自然来不及。佛生崽倒也通情达理，情愿不要嫁妆。出嫁前几日，佛生崽的爹娘请了赤郎和行郎把礼物送到泼妮崽寮里。出嫁那日，泼妮崽由亲哥哥抱上轿，行郎抬着锄头、镰刀、笠帽、蓑衣、犁等农具作为嫁妆，当然也抬来了花柜，陪着新娘到了夫家。

抬到人家的农具样样是宝。锄头掘地特别快，有一日还掘了一罐银；镰刀割稻快如飞，割呀割，铁打镰刀变成了金镰刀；笠帽也变得特别奇怪，热天戴在头上阴凉阴凉的，寒日戴起来温暖温暖的；蓑衣快下雨时会自动到田头；犁犁田也特别快。公婆（夫妻）两个用这些嫁妆农具勤劳苦耕，不出一年便发了大财，帮丈人盖了新寮。

古话说："随好伙计入好运，学学好样一个样。"从此以后，山哈娶亲就学着用锄头、镰刀等作嫁妆了，形成习俗，流传至今。

讲述人：蓝振诚

采录整理人：柳潭

1987 年 12 月 9 日采录于畲族民间文学普查会，流传于景宁县。

［肆］"撬蛙"的传说

相传，以前在畲村，轿夫把接新娘的花轿抬到女方家后，女方的姐妹都想留住自己的伙伴，而轿夫又想让出嫁女快点上花轿，

这样，轿夫与姐妹间就发生了盘驳（辩论）。轿夫说："你的姐妹在这天内迟早都要出门。暗（迟）出门，不如快（早）出门好。"

女方姐妹说："田中的蛙还没叫，人们在田中做誓（干活）还没收工，来得及。"

轿夫怕耽误抬轿时间，急中生智，从自己的口袋中摸出钱，用红纸包好（意为"蛙"），拿给女方姐妹，嘴上说："蛙都跳出来了，也叫了，田中做誓的人该收工了，你们也该放行了。"

从此，轿夫把花轿抬到女方家时，就有"带'蛙'来"之说，而且慢慢地传开了。每当轿夫来时，女方的姐妹都想尽一切办法把轿夫的礼"蛙"撬出来。后来，时间久了，逐渐形成了"撬蛙"这个习俗，在畲村流传至今。

主要参考文献

1. 周杰 . 景宁县志 [M]. 1873（清同治十二年）.

2. 沈蜟云，工虞辅，范翰芬 . 平阳畲民调查 [M]. 平阳翰墨哀印刷所 ,1934（民国 23 年）.

3. 魏兰 . 畲客风俗 [M]. 上海虹口顺成书局，1906（清光绪三十二年）.

4. 哈·史图博，李化民 . 浙江景宁敕木山畲民调查记 [M]. 中南民族学院民族研究所 ,1984.

5. 柳意城 . 景宁畲族自治县志 [M]. 杭州：浙江人民出版社，1995.

6.《畲族简史》编写组，《畲族简史》修订本编写组 . 畲族简史 [M]. 北京：民族出版社，2009.

7. 颜素开 . 闽东畲族文化全书：民俗卷 [M]. 钟雷兴，主编 . 北京：民族出版社，2009.

8. 邱彦余 . 畲族民歌 [M]. 杭州：浙江摄影出版社，2014.

9. 浙江省民族事务委员会 . 高皇歌 [M]. 北京：中国国际广播出版社，2016.

后记

畲族入迁浙江后，由于与外界和外族的交往相对闭塞，再加上"大分散，小聚居"的生存方式，较长时期内仍保留着本民族的生产习俗、岁时习俗和礼仪习俗，其中最有特色的当属畲族婚俗，它是畲族人民生活中不可缺失的重要组成部分，许多习俗活动带有浓厚的神话色彩，具有历史价值。畲族婚俗各环节综合体现了畲族传统文化的方方面面，其嫁妆类型、酒宴器皿、新人服饰、对歌等都保存了畲族传统文化。畲族婚俗呈现的先祖崇拜、伦理道德、民间习俗等是多元文化混合交融的结果，为我国人类学、民俗学、民族学的研究提供了珍贵资料。对畲族婚俗进行完整记录可以促进畲族文化的发展，增强民族凝聚力、向心力，也可以借助畲族文化习俗的魅力展现亲和力、影响力，提高民族认同感和文化自信心。

畲族婚俗是第四批国家级非遗项目之一，也是景宁畲族自治县三个国家级非遗项目之一。为了更好地保护和传承畲族传统的婚俗礼仪，编者前期进行了大量的田野调查、实地调研和史料查阅，走访了掌握畲族婚俗礼仪的传承人、民间艺人以及众多的畲族家庭和当地的畲族专家，力求掌握第一手资料，真实记录畲族婚俗的礼仪源流。但需要说明的是，本书中记载的部分婚俗仪礼受诸多因素的影响，如历史的变迁、长期的迁徙、畲族文化口口相传的特点等，所描述的畲族婚俗礼仪存在创新或简化。欢迎广大读者提出不同的观点，共同讨论，对于本书的不妥之处，敬请批评指正。

特别要感谢在百忙之中拨冗审阅书稿并为本书作序的钟海燕县长。景宁畲族自治县非物质文化遗产保护中心原副主任徐丽丽女士在任职期间为本书搜集史料，付出大量的心血。景宁畲族自治县教育局高树文先生为本书提供了宝贵的修改意见。非遗专家陈顺水先生认真为本书审稿。景宁畲族自治县原文化广电新闻出版局办公室主任郑迪先生为本书提供了大量精美的图片，本县的摄影专家廖跃平先生、叶庆荣先生、张光林先生、刘康弟先生、林晓红先生也提供了精致的照片。谨在此表示衷心的感谢！本书中引用的部分书刊、图片资料不能一一注明出处和作者姓名，在此表示歉意。

景宁畲族自治县非物质文化遗产保护中心　项莉芳

责任编辑：金慕颜

装帧设计：薛　蔚

责任校对：朱晓波

责任印制：朱圣学

装帧顾问：张　望

图书在版编目（ＣＩＰ）数据

景宁畲族婚俗 / 项莉芳编著. —— 杭州：浙江摄影
出版社, 2019.6（2023.1重印）

（浙江省非物质文化遗产代表作丛书 / 褚子育总主
编）

ISBN 978-7-5514-2472-1

Ⅰ.①景… Ⅱ.①项… Ⅲ.①畲族—婚姻—少数民族
风俗习惯—介绍—景宁畲族自治县 Ⅳ.①K892.22

中国版本图书馆CIP数据核字(2019)第098520号

JINGNING SHEZU HUNSU
景宁畲族婚俗
项莉芳　编著

全国百佳图书出版单位
浙江摄影出版社出版发行
　　地址：杭州市体育场路347号
　　邮编：310006
　　网址：www.photo.zjcb.com
制版：浙江新华图文制作有限公司
印刷：廊坊市印艺阁数字科技有限公司
开本：960mm×1270mm　1/32
印张：5.5
2019年6月第1版　　2023年1月第2次印刷
ISBN 978-7-5514-2472-1
定价：44.00元